粮食主产区城镇化影响粮食生产和消费的机制与实证研究
——以河南省为例

◎ 蒋 黎 著

中国农业科学技术出版社

图书在版编目(CIP)数据

粮食主产区城镇化影响粮食生产和消费的机制与实证研究：以河南省为例／蒋黎著. --北京：中国农业科学技术出版社，2022.11

ISBN 978-7-5116-6007-7

Ⅰ.①粮… Ⅱ.①蒋… Ⅲ.①粮食产区-城市化-影响-粮食-生产-研究-河南 Ⅳ.①F326.11②F299.276.1

中国版本图书馆 CIP 数据核字(2022)第 210670 号

责任编辑　王惟萍
责任校对　王　彦
责任印制　姜义伟　王思文

出 版 者	中国农业科学技术出版社
	北京市中关村南大街 12 号　　邮编：100081
电　　话	(010) 82106643 (编辑室)　　(010) 82109702 (发行部)
	(010) 82109709 (读者服务部)
网　　址	https://castp.caas.cn
经 销 者	各地新华书店
印 刷 者	北京建宏印刷有限公司
开　　本	148 mm×210 mm　1/32
印　　张	5.5
字　　数	130 千字
版　　次	2022 年 11 月第 1 版　2022 年 11 月第 1 次印刷
定　　价	42.80 元

◁﹏ 版权所有·翻印必究 ﹀▷

前　言

本书在分析我国城镇化和粮食安全背景的基础上，论证城镇化进程对粮食安全影响的基础理论，建立粮食主产区城镇化与粮食安全的逻辑关系。从理论和实践上探索粮食主产区城镇化对粮食生产和消费的影响因素、影响机制和影响程度等，揭示粮食主产区城镇化与粮食生产及消费之间的互动机理和运行规律。运用面板数据模型等计量分析方法，以产粮大省河南省为案例测定和检验粮食主产区城镇化对粮食生产及消费的影响原因及影响程度，找出保障粮食安全的重点方向，提出城镇化进程中保障河南省粮食生产和粮食消费的重点思路，以及保障粮食主产区粮食安全的主要应对措施和政策建议。

第一章主要从理论上阐述城镇化对粮食安全的影响。从近年来国内外城镇化和粮食安全问题背景出发，引申到我国城镇化对粮食安全的影响探讨。梳理国内外相关文献，发现当前理论与实证研究中仍值得扩展和延伸的问题。

第二章对河南省粮食安全的影响因素进行实证性描述分析。我们发现快速城镇化将严重影响农业耕地面积和农业投入劳动力，影响粮食的生产供给，同时城镇化还会带来城乡居民饮食消费量增加和消费结构升级，增加粮食需求，从而造成粮食供需失衡，影响粮食安全。

第三章以河南省为例，深入研究粮食主产区城镇化对粮食生产所需耕地资源的影响。我们发现国家的发展战略和产业转移趋势促进了河南省的城镇化和工业化，进而造成河南省耕地面积和人均耕地面积的减少，显著影响着产粮大县的粮食生产，引发粮食安全问题，而更加严格的耕地保护政策则可显著降低耕地流失的速度。

第四章使用面板计量经济模型检验在县级层面上驱动我国中部产粮大省河南省农业用地向城市用地转移的社会经济变量和政策变量。城市工资是农业用地向城市用地转移的最具影响力的正向因素，而农业财政支持是最具影响力的负向因素。政府加强农业补贴、提高农业部门的收入水平有助于保护耕地，有利于粮食安全，也可减弱对其他生态环境脆弱省份的生态环境压力。

第五章利用面板计量经济模型检验城市化和其他社会经济因素对于河南省化肥使用强度的影响及其内在机制。结果显示，消减的人均农业用地与更高的化肥使用强度相关，城市工资与化肥使用强度正相关，人均 GDP 和人均政府对农业的支出都正向地导致了化肥使用强度的增加。城镇化发展造成农业用地流转，农业劳动力减少，对粮食生产产生负面影响；同时也促进了农业用地集约化，提高了粮食生产能力，对粮食生产具有正面影响。

第六章对河南省居民的重要食品消费量进行了两组对照分析，把对各个食品的消费量折合成最终的土地需求。研究发现城镇化会对居民人均粮食需求产生巨大的影响：城镇化水平越高，人均土地需要量也越高。河南省的城镇化进程不但会影响粮食的生产，更会显著地影响粮食的需求，并深刻地影响全国的粮食安全。

第七章提出了粮食主产区城镇化过程中保障粮食安全的政策和措施。

在本书的编写中，我们参考使用了一些统计年鉴中的数据资料，如1996—2015年的《中国统计年鉴》、1991—2009年的《河南农村统计年鉴》和1991—2015年的《河南统计年鉴》等，以及国内外学者的文献资料，在此表示衷心的感谢。

由于著者知识水平有限，书中难免存在不足之处，欢迎广大读者批评指正！

蒋 黎

2022年8月

目 录

1 城镇化对粮食安全影响的理论研究·······1
1.1 概念界定·······1
1.1.1 粮食主产区·······1
1.1.2 城镇化·······2
1.1.3 粮食安全·······3
1.2 文献综述·······5
1.2.1 关于城镇化和粮食安全的关系问题研究·······5
1.2.2 关于城镇化对粮食生产方面的影响·······6
1.2.3 关于城镇化对粮食消费方面的影响·······7
1.2.4 研究现状评述·······9
1.3 理论依据·······10
1.3.1 外部性理论·······10
1.3.2 供需弹性理论·······12
1.3.3 机会成本理论·······13
1.3.4 二元经济结构理论·······15
1.4 研究意义·······16

2 粮食主产区城镇化推进与粮食安全的现状分析·······23
2.1 粮食主产区城镇化的现状·······23

2.2 粮食主产区粮食生产和消费现状 ·················· 27
2.2.1 人均粮食产量 ·································· 27
2.2.2 人均粮食播种面积 ····························· 29
2.2.3 乡村从业人员 ·································· 30
2.2.4 重要食品消费量 ······························· 31
2.3 粮食安全的现状分析 ······························· 39
2.3.1 粮食的供需状况 ································ 39
2.3.2 城镇化对粮食供需的影响 ···················· 41
2.3.3 城镇化对河南省粮食供需的影响 ············ 43
2.4 结论 ·· 45

3 粮食主产区城镇化对粮食生产所需耕地资源的影响——以河南省为例 ··············· 48
3.1 概述 ·· 48
3.2 有关城镇化对耕地影响的文献综述 ··············· 49
3.3 研究数据 ··· 50
3.3.1 卫星图像遥感解析数据 ························ 50
3.3.2 统计年鉴数据 ·································· 51
3.4 河南省城镇化对耕地资源的影响 ·················· 51
3.4.1 基于卫星图像遥感解析数据的分析 ·········· 51
3.4.2 基于2001—2008年统计年鉴数据的分析 ···· 61
3.5 结论 ·· 65

4 模拟河南省城市土地扩张和农业用地流转：遥感和社会经济数据的结合 ············· 69
4.1 概述 ·· 69

4.2 研究区域···71
4.3 关于城市用地利用变化的文献综述·····················72
4.4 土地利用和社会经济数据来源·····························74
4.5 实证模型和变量定义··76
4.6 关于农业用地向城市用地转移的模型估计结果·····80
4.7 关于模型结果和土地利用可持续性的讨论·············86
4.8 结论···88

5 河南省城市化与农业生产中化肥使用强度变化的研究·······92
5.1 概述···92
5.2 研究区域··95
5.3 关于农业用地利用集约度的文献综述····················96
5.4 化肥使用强度和其他数据来源·····························98
5.5 实证模型和变量设定···100
5.6 关于化肥使用强度的面板计量经济模型结果·····105
5.7 对化肥使用强度的内在机制和土地利用可持续性的讨论·····111
5.8 结论··112

6 粮食主产区城镇化对粮食消费影响的机制研究·······116
6.1 城镇化对粮食消费影响的背景····························116
6.2 基本情况和使用数据介绍·································118
6.3 研究方法与变量定义···120
6.4 河南省城镇居民和农村居民人均粮食消费和土地需求的比较·····122
6.5 河南省省会郑州市与中小城市城镇人口人均粮食

　　　　消费和土地需求的比较·················127
　6.6 城镇化对粮食消费的影响因素及路径分析···········132
　6.7 关于未来食品的土地需求和粮食安全的讨论··········135
　6.8 结论····························137

7 粮食主产区城镇化过程中保障粮食安全的政策和措施······140
　7.1 解决粮食主产区城镇化进程中农业用地减少问题的
　　　措施····························140
　　7.1.1 坚守耕地保护红线，管控保护优质土地·········140
　　7.1.2 提升适度规模经营，提高土地集约利用水平······141
　　7.1.3 健全对粮食主产区的利益补偿机制···········142
　　7.1.4 加强对农村基础设施的修建和完善···········143
　7.2 减少高素质劳动力流失、提高农民能力的措施·········144
　　7.2.1 改善农村生产生活环境，吸引劳动力返乡务农·····144
　　7.2.2 建立创业农民支持体系，落实创业农民扶持
　　　　　政策·························145
　　7.2.3 加强新型农业经营主体扶持和对职业农民的
　　　　　技能培训·······················146
　　7.2.4 延长粮食产业链条，促进三产融合发展········147
　7.3 实现粮食供需平衡的措施·················148
　　7.3.1 农业科技创新和农业技术推广政策···········148
　　7.3.2 以消费者需求为导向调整粮食生产结构·········149
　　7.3.3 提高粮食的利用率和转化率··············150
　　7.3.4 引导合理消费、绿色消费···············151

参考文献·······························153

1 城镇化对粮食安全影响的理论研究

1.1 概念界定

1.1.1 粮食主产区

粮食主产区是指地理、土壤、气候、技术等条件适合种植粮食作物，并且有一定经济优势的专属经济区。粮食主产区的界定不仅取决于粮食总产量，还取决于能否提供较多的商品粮，大致以每年粮食总产量在 1 000 万吨以上、人均占有粮食在 300 千克以上为衡量标准。从广义上讲，粮食主产区是指我国以从事粮食生产为主的广大农村区域，这类似于粮食产区的概念。本研究对粮食主产区的分类和划分，主要依据 2017 年国务院印发的《关于建立粮食生产功能区和重要农产品生产保护区的指导意见》，即河北省、河南省、黑龙江省、吉林省、辽宁省、湖北省、湖南省、江苏省、江西省、内蒙古自治区、山东省、四川省、安徽省 13 个省区。

根据国家统计局原农调总队的界定，在我国粮食生产中，小麦主产区是河北省、山西省、山东省、河南省、陕西省、甘肃省、江苏省、安徽省、湖北省、四川省；水稻主产区是浙江省、江西省、湖南省、广东省、广西壮族自治区、江苏省、安徽省、湖北省、四川省；玉米主产区是辽宁省、吉林省、黑龙江省、内蒙古自治区、山东省、河南省、陕西省、四川省、河北省。历年来，我国的小麦、水稻和玉米产量占全部粮食总产量的87%左右，上述13个省区作为主产区基本涵盖了我国主要粮食品种的主产地。

近20年间，13个粮食主产区的粮食产量占全国粮食总产量的比重稳定在75%以上，水稻产量占全国总产量的比重在70%以上，小麦产量的比重由近70%提高到75%左右，玉米产量占全国总产量的比重稳定在75%左右。13个粮食主产区提供了全国80%以上的商品粮。从粮食销售情况看，粮食主产区农民人均出售粮食数量占全国的80%以上。由此可见，粮食主产区的粮食生产状况直接影响着我国的粮食产能，对推动全国粮食生产、保障国家粮食安全有着举足轻重的作用。

1.1.2 城镇化

关于城镇化问题学术界对其做了大量研究。在国外，一般将城镇化称为城市化，城镇化是指人口向城市迁移的过程。而在国内，城镇化一方面是指人口迁移的过程，另一方面是指空间结构的变化过程，最终导致城乡不断统筹发展、城乡要素自由流动的过程。

城镇化是在经济发展过程中人口不断由农村向城镇地区集中的过程，是我国社会和经济现代化进程中必然的一个重要的结构转换（辜胜阻，1991）。城镇化可分为人口城镇化、空间城镇化以及经济城镇化。从人口城镇化来看，城镇化是指农村人口不断向城镇转移，使农村人口比重下降，城镇人口比重上升的过程；从空间城镇化来看，城镇化是指城镇区域不断扩张，农村区域不断缩小的过程；从经济维度来看，城镇化是指农业增加值占国内生产总值（GDP）比重不断下降的过程。

城市化理论把城市发展过程分为城市化初期、中期和后期3个阶段。在城市化水平较低的初期和城市化达到较高水平的后期，城市增长速度都趋于缓慢。中期则以城市化起飞和城市人口激增为特点，中期与初期阶段和后期阶段的分界值分别为城镇人口占30%和70%。1978—2014年，我国城镇化率已经从17.9%上升到54.77%，从城镇化率发展阶段来看，我国目前正处于快速增长的城镇化阶段。我国快速城镇化，一方面吸纳了大量农村剩余劳动力，使社会结构发生了深刻变革；另一方面也给我国的发展带来一系列问题，比如，大量农村转移人口无法融入城市，造成人口的半城镇化；土地城镇化快于人口城镇化导致土地资源浪费；城市规划不合理导致城镇空间分布、规模结构的不合理；体制不健全导致城乡的二元化，从而使城市管理服务水平低下，而农村基础设施、发展机会缺失，无法吸引优质人才。目前，我国正处于转型的关键时期，城镇化不断加快的同时，也将面临更加深刻的变革。

1.1.3 粮食安全

1974年，联合国粮食及农业组织（FAO）在罗马召开的世界粮食大会上首次提出了"粮食安全"这个概念，即"保证任何人在任何时候都能得到为了生存和健康所需要的足够食品"。2001年，在德国波恩举行的世界粮食大会上，粮食可持续安全的概念被提出，这个概念的定义："消费者应该得到无污染、无公害，能够增强健康，延长寿命的粮食和食物。"2009年，FAO在世界粮食日重申了对粮食安全的重视，潘基文指出，在危机时刻实现粮食安全需要财政与政治的支持，另外还需要在粮食生产和分配方面投资。

国内学者们对粮食安全概念的总结和论述，都是在FAO提出的概念之上结合我国国情不断完善与发展而来的，这使粮食安全的内涵变得十分丰富，例如国家粮食局调控司（2004）认为，从本质上讲，粮食安全是指一个国家满足粮食需求以及抵御可能出现的各种不测事件的能力，同时和国家经济发展水平及外贸状况有着紧密的联系。

目前，我国正处于经济社会发展的转型时期，工业化、信息化、城镇化快速发展，对同步推进农业现代化的要求更为紧迫，保障粮食等重要农产品供给与资源环境承载能力的矛盾日益尖锐。2014年中共中央、国务院印发的《关于全面深化农村改革加快推进农业现代化的若干意见》提出，我国需要从以下几个方面来重新确保粮食安全：第一，完善国家粮食安全保障体系；第二，强化农业支持保护制度；第三，建立农业可持续发展长效机制；第四，深化农村土地制度改革；第五，构建新型农业经营体系；第六，加快农村金融制度创新；第七，健全城乡发展一体化体制机制；第八，改善乡村治理机制。

1.2 文献综述

1.2.1 关于城镇化和粮食安全的关系问题研究

我国城镇化与粮食安全的问题自改革开放以来就受到广泛关注。我国城镇化进程也在改革开放后逐步加速，不可避免地对农业生产，尤其是耕地资源产生了负面影响（何蒲明 等，2008）。目前许多城市正在向农业用地扩张（Tan et al.，2005；Wang et al.，2008；Seto et al.，2000）。据估计，1978—1996年，我国耕地总量减少了473万公顷，相当于总量的4.45%。臧武芳等（2001）认为城镇化对粮食安全的影响是双向的，虽然城镇化导致耕地面积减少、农业人口外流，但城镇化的发展可以促进农业的规模经营和技术进步，使土地得到集约化利用和合理利用。但从短期来看，在农业技术水平、资本存量以及农业与非农产业的土地存量既定的情况下，城镇化的发展会对粮食安全产生负面的影响（郭剑雄，2004）。特别是当前我国城镇化面临着区域失衡、结构失衡、分配失衡、社会权利失衡等问题，城乡发展矛盾凸显，这都将加剧粮食安全的不稳定性和脆弱性（冷智花 等，2014）。城镇化分为人口城镇化、空间城镇化和经济城镇化（薛俊菲 等，2012）。一方面，城镇化进程中土地流转方式会对粮食安全产生巨大的隐患（汪文忠，2016），另一方面城镇化中的人口半城镇化，即农业转移人口无法真正地融入现代城市，处于"中间人"状态下的不彻底的城镇化将对我国的粮食安全产生很大的负面影响（焦晓云，2015）。因此，要重视城镇化与粮食安全之间的关系，采取积极稳妥的方式，在推进城镇化的同时保障粮食安全（臧武芳 等，2001）。

1.2.2 关于城镇化对粮食生产方面的影响

关于城镇化对粮食生产带来的影响，学术界主要围绕城镇化导致耕地流失和劳动力转移等方面展开研究。陈锋正等（2015）认为，经济发展新常态下耕地硬约束对城镇化与粮食生产形成了巨大挑战，劳动力需求变化、食品需求结构变化以及农作物种植结构调整等，对粮食安全产生了重大影响，直接关系到城镇化与粮食生产的协调发展。从城镇化发展对粮食生产的土地影响来看，韩纪江等（2005）认为，城镇化所引起的农民土地流失问题将造成两大后果：一是大量级差收入高的土地最先流失将对我国粮食供给产生巨大影响，二是出现大量的失地农民。城镇化的发展将推动城市规模的扩张，把城市周边肥沃的农业用地转变为城市建设用地，而这些土地都具有良好的土壤质量和地形属性（Lin et al.，2003；Verburg et al.，2004）。冷智花等（2014）也指出城镇化的发展可能不会使耕地总面积减少，但跨区域土地指标置换的方法会使耕地的总体质量大大下降，同时水资源也会遭到破坏，进而影响农业发展。此外，城镇化的发展也对农业劳动力供给带来严重影响，城镇化和经济发展将增加非农就业人员，可能导致农业劳动力短缺（Phimister et al.，2006）。鞠正江等（2001）进一步指出城镇化导致农村优秀的劳动力流向城市，进而造成农村人力资本存量降低、收入结构改变、农村人口老龄化加剧、农村发展资金外流等诸多问题，制约了农村经济的调整和农民收入的提高。但是，刘亮等（2014）认为，到2010年为止，农村劳动力的流失尚未对粮食安全产生严重影响。樊琦等（2014）提出，由于种粮收入不高，农业产业结构中粮食种植比例的下降也威胁着我国的粮食安全。就粮食的生产技术效率而言，刘东阁（2016）认为城镇化的实施能促进中东部地区粮食生产技术效率的提高，但对西部地区却产生负向影响。

1.2.3 关于城镇化对粮食消费方面的影响

城市化的压力以及经济发展和居民收入增长预计会对饮食结构产生重大影响（Pingali，2007）。饮食的重大变化不是来自消费食物数量的增长，而是来自消费食物的结构变化（Dong et al.，2010）。钟甫宁等（2012）指出，城镇化从两方面影响粮食的需求：一方面，城镇化提高了居民食品消费结构中动物产品的比重从而增加了粮食需求总量；另一方面，城镇化降低了劳动强度并减少热量需求从而降低了粮食需求总量。陈笑等（2016）指出，我国的粮食消费结构存在典型的城乡二元差异，但自改革开放以来农村的口粮消费量不断下降，与城市居民的口粮消费差距逐渐减小，同时农村居民也增大了对蔬菜、肉类、蛋类、奶类和水产品的消费。随着城镇化的发展，粮食消费结构的转变将进一步扩大间接的粮食消费。周竹君等（2014）指出，在城镇化发展过程中，农村居民的生产和生活都发生着巨大改变，食物消费的种类也逐渐增多，特别是越来越多的农村居民不再是或者不仅仅是粮食生产者，他们对粮食的消费将与收入变化的一致性更强，因此，对粮食的刚性需求增强。郭剑雄（2005）认为，城市化对粮食安全的影响应当从城市化与粮食需求变动和城市化与粮食供给能力这两方面来分析，为此，他通过建立弹性增长模型来分析人口增长率和人均收入水平增长率对粮食需求的影响。蒋乃华等（2002）指出城市化不仅增加了畜产品总量的消费，也促进了产品内部的消费结构调整。张永恩等（2009）推算2030年全国粮食总需求将比2007年增加1亿吨，其中城镇人口粮食需求增加占全国粮食总需求增量的160.61%。李小春（2014）预测随着我国人口的不断增加，到2030年人口最高峰时粮食缺口将高达790亿千克，同时，城镇化的发展和农村居民粮食消费习惯的改变将对粮食产生更大的压力。朱晶等（2015）通过对江苏省的调查研究认为，随着城镇化发展、收入增加和消费习惯改变，未来口粮消费将减少，但饲料以及工业粮食消费将不断增加，由于我国的粮食生产与粮食需求之间存在缺口，这一变化将对我国的粮食安全产生影响。Jiang等（2015）从城镇居民的视角进行研究，通过构建包括粮食、油脂、肉类、蛋类、水产品、蔬菜、水果、奶制品和酒类等10类食品的几乎理想的需求系统（AIDS），测度城镇化进程对食物需求的影响以及相应的土地需求变化，并认为较之中小城市，省会城市较高的食品支出弹性将导致人均需求量的更快增长，使得用于生产这些产品的人均土地的需求大大增加。

1.2.4 研究现状评述

从国内外对于粮食安全的研究来看,学者从各种角度对我国粮食安全的历史和现状进行了分析,并提出了相关政策建议,特别是很多学者着重从城镇化发展的土地模式出发,将城镇化发展中的半城镇化、不规范、发展不平衡等问题与我国的粮食安全联系起来进行了研究,这些研究成果为本研究提供了良好的研究基础,也是本研究分析河南省这一重要粮食主产区粮食安全问题的重要前提。

但是,上述研究还存在一定的局限性,有待于进一步深化研究。第一,有些学者对粮食安全的研究不够全面,往往只从粮食的消费与供给上进行论述说明,最后提出政策建议,列出的论据不够让人信服,对于粮食供给与粮食消费之间的关系、城镇化本身及其与粮食供给和消费的相互作用缺乏研究与说明;对于城镇化与粮食安全的研究,学术界往往采用单向的研究路径,研究的视角多局限于外在影响层面,主要关注城镇化带来的耕地资源被挤占所造成的后果,以及如何解决这一矛盾的策略,这些研究相对割裂地去研究二者的关系,缺乏一个整体的视角,没有全面探析城镇化对粮食生产和粮食消费等方面的影响。第二,多数研究都没有深入全面地探析城镇化。城镇化不仅深刻影响着粮食生产方面,也开始显著地影响着人们的粮食消费行为、消费数量和消费结构等。在研究中,学者往往只从城镇化发展的本身来研究对粮食安全问题的解决,没有深入到模式以及机制中进行研究,现有的研究很少综合考虑城镇化对于粮食生产与消费的影响。比如在城镇化对农业用地市场变化、农村人口结构变化、劳动者素质变化以及粮食纯消费数量和饮食结构变化等方面的影响，这些都需要从供需两个层面做进一步的研究。第三，现有研究鲜有从我国农业领域深化改革和新型粮食安全战略构建的高度来分析城镇化与粮食生产及消费的关系。对于上述几个重要关系的研究还没有深入到机制和模式层面，而是停留在传统研究范式下单一地探讨城镇化对粮食生产的影响。因此，根据上述存在的问题，本研究结合粮食主产区城镇化进程的实际情况与案例分析，系统地研究市场经济条件下粮食主产区城镇化对粮食生产与消费的影响机制，除了有重要的基本理论、影响机制和实证案例创新，更重要的是有较高的理论应用、经济价值和实际指导意义。

1.3 理论依据

城镇化与粮食安全涉及的基础理论较多，既包括公共产品、外部性理论、供需弹性理论、比较优势、机会成本理论和食物消费理论等涉及粮食安全的基础理论，也包括李嘉图的古典增长动态理论、刘易斯的二元经济结构理论和钱纳里的结构转换增长理论等在内的城镇化发展理论。

1.3.1 外部性理论

外部性是指一个经济主体的经济活动对其他经济主体产生的

外部影响,有些经济主体的经济活动,如生产或消费某些产品会给其他人带来收益或损失,而那些得到收益的人无须付费,而蒙受损失的人也无法得到补偿,这种情况就是外部性。如果一些人的生产或消费使另一些人受益而前者无法向后者收费,这种情况就是正外部性。相反,如果一些人的生产或消费使另一些人蒙受损失而前者没有补偿就是负外部性。许多经济活动都存在着外部性,而农业经济活动更表现出明显的正外部性。

作为农业基础的粮食生产活动,其外部性主要表现在两个方面。一是粮食生产的收益外溢,其表现是工农产品价格的"剪刀差"。"剪刀差"所反映的是在农业尤其是粮食生产与工业的交换过程中,粮食生产的一部分收益通过价格交换附带流入了工业部门,工业部门无偿取得了该部分的收益;而且该收益的流动并不以工业部门对粮食生产部门的直接损害为前提,这种流动具有自愿自发性;同时,这种"剪刀差"收益是粮食生产活动的结果,没有计算在粮食价格中。二是粮食生产能够维护国家和社会的稳定。粮食生产活动的经济效益低,但社会效益大,它维系着人们的基本生活,维系着国家和社会的稳定。农民生产销售粮食获得了经济效益,但因给城乡居民带来了丰富的食品,给国家带来了安全,给社会带来了稳定而产生的社会效益远大于自身的经济效益。外部性理论认为,对于产生正外部性的经济主体,应当给予适当的补偿,若不补偿或补偿不合理,则会影响相关产业的发展。既然粮食生产具有较强的正外部性,那么政府就应该给粮食生产者予以一定的补偿,以促进粮食生产的发展,从而保障粮食安全。

1.3.2 供需弹性理论

在其他条件不变的情况下，商品的需求与供给都是价格的函数，但不同性质的商品其需求量或供给量对于价格变动的敏感程度不同，即使同一商品在不同的价格下需求量或供给量对于价格变动的敏感程度也不一样。供需弹性理论是研究商品的需求量或供给量对于价格变动的反应敏感性的理论。商品的弹性分为需求弹性和供给弹性。商品需求或供给价格弹性的大小可以用弹性系数即需求或供给变动百分比与商品自身价格变动百分比的比值来表示。根据商品需求或供给价格弹性系数的大小，可以把绝大多数商品分为两大类：一类是富有弹性的商品，另一类是缺乏弹性的商品。富有弹性的商品意味着其需求量或供给量变化的幅度要大于价格变化的幅度；缺乏弹性的商品意味着其需求量或供给量变化的幅度要小于价格变化的幅度。

一般而言，工业产品往往是富有弹性的商品，而农产品尤其是大宗初级农产品，如粮食则是缺乏弹性的商品。由于粮食缺乏弹性，一旦粮食生产过剩，价格下降，人们对粮食消费增加的幅度要小于粮价下降的幅度，粮食卖不出去，农民收入受损，形成"谷贱伤农"；之后，粮农的生产积极性受到挫伤从而减少粮食生产，当粮食生产减少到一定程度后又可能导致粮食短缺，引发国家粮食安全问题。

商品的需求和供给虽然都是价格的函数，但若引入时间变量,则需求是现期价格的函数,供给是上期价格的函数。尤其是对于弹性小、生产周期长的粮食,价格对其调节更具有特殊性,即上一期粮食的高价格导致下一期粮食产量增多,粮食供给增加,粮价下降,造成"谷贱伤农"的不良后果;这一后果又导致再下一期粮食产量减少,粮食短缺,引发粮食安全问题。完全由市场价格来调节粮食的供给,会导致粮食生产的大起大落,形成粮食周期性"卖难"和周期性粮食安全问题。

供需弹性理论表明,对于弹性小、生产周期长的农产品,为了保证其生产供给的平稳,为了保护其生产者的利益,政府必须予以支持和保护。因此,政府必须依据粮食弹性小、生产周期长的特殊性,对其生产予以各方面的支持和保护,以确保粮食供给的稳定增长和粮食安全。

1.3.3 机会成本理论

机会成本是指选择一个方案而放弃次优方案的收益,简言之次优方案的收益就是已选择方案的机会成本。粮食生产的机会成本是种植粮食而放弃经营其他经济作物和其他产业的收益。要准确衡量粮食生产的机会成本,必须从粮食生产的投入要素着手逐项分析。粮食生产最重要的生产要素是劳动力、耕地和资金。分析粮食生产的机会成本就必须比较劳动力种粮与务工的收益,耕地种粮(即粮食生产)与种植其他经济作物的收益,以及农业资金用来种粮与用来进行其他投资的收益。从耕地来看,粮食生产的机会成本又可分为两种:一是放弃经济作物生产的机会成本;二是放弃饲料作物生产或从事养殖业的(淡水养殖和畜禽养殖)的机会成本。从劳动力和资金来看,生产要素的机会成本就是农村劳动力和资金从事非农产业的收益。

因为种粮的比较收益低,各地不断调整农业内部结构,在收益较高的经济作物形成了相对于粮食作物的级差地租的情况下,农民也愿意发展经济作物种植,减少对粮食作物的劳动投入或直接减少粮食作物的种植面积,如果粮食价格上涨与劳动力在农业内部的机会成本上涨不同步,则会进一步增加不同作物之间的级差地租。

农民的劳动力机会成本,即农民在城市的预期收入,是相对于城市劳动力收入而形成的,当然会大于种植业收入,特别是会大于比较收益较低和级差地租收入比较低的粮食作物及大量使用劳动力的体力工作的收益。因此,政府的粮食补贴或为保护粮食生产而提高的粮食价格如果不足以弥补这种级差地租,农民对粮食生产的劳动力投入就会减少,则粮食生产率也会相对下降。在不适合种植经济作物或由于市场问题无法大规模发展经济作物种植的地区,经济作物对粮食作物的级差地租也会赋予闲暇一个较高的影子价格和较低的购买价格,这时政府即使按照粮食产量提供粮食补贴,但如果该补贴无法使农民的收入与城市预期收入持平或接近,甚至不足以弥补粮食与其他经济作物的级差地租,那么农民宁可享受闲暇也不愿意种粮的状况仍然会持续下去。可见,政府采用什么样的补贴方式需要认真考虑,要切实能提高农民种粮的积极性。

1.3.4 二元经济结构理论

二元经济结构理论是区域经济学的奠基性理论之一,是由英国经济学家阿瑟·刘易斯(W. Arthur Lewis)提出的。刘易斯阐述了"两个部门结构发展模型"的概念,揭示了发展中国家由传统的自给自足的农业经济体系和城市现代工业体系这两种并存而又不同的经济体系构成的"二元经济结构"。发展中国家并存着农村中以传统生产方式为主的农业部门和城市中以制造业为主的现代化部门,由于发展中国家农业中存在着边际生产率为零的剩余劳动力,因此农业剩余劳动力的非农化转移能够促使二元经济结构逐步消减。此后,费景汉和拉尼斯修正了刘易斯模型中的假设,在考虑工农业两个部门平衡增长的基础上,完善了农业剩余劳动力转移的二元经济发展思想。由于传统农业部门人口过剩,而耕地数量是有限的,加之生产技术简单而很难有突破性进展,生产的产量在达到一定的数量之后,基本是无法再增加的,所以每增加一个人所增加的产量几乎为零,即农业生产中的边际生产率趋于零,有时甚至是负增长,那部分过剩的劳动力被称为"零值劳动人口"。正是大量的"零值劳动人口"的存在,才导致发展中国家经济发展水平长期处于低水平,造成城乡差距。在城市现代工业体系中,各工业部门具有可再生性的生产资料,生产规模的扩大和生产速度的提高可以超过人口的增长,即劳动边际生产率高于农业部门的生产边际生产率,工资水平也略高于农业生产部门,所以可以从农业部门吸收农业剩余劳动力。由于工业部门所支付的劳动力价格只要比农业部门的收入略高,农业剩余劳动力就会选择到工业部门去工作,所以农村劳动力是廉价的,这样工业部门可以支付较少的劳动报酬,而把多余的资本再投入扩大再生产的过程中,这样一来又可以吸收更多的农民到工业部门,形成一个良性的运行过程,促进农业剩余劳动力的非农转移,使二元经济结构逐步消减。这是发展中国家摆脱贫困走上富裕的唯一途径。

1.4 研究意义

洪范八政,食为政首。从古到今,粮食安全都是国家的首要任务。目前,我国经济不断发展,正在不断迈向新的经济发展转型期。在经济发展过程中,高速增长的城镇化进程对粮食安全造成了不容忽视的影响。这些影响主要表现如下。

(1) 粮食主产区城镇化影响着粮食的生产和消费,使我国粮食安全形势面临新的挑战。

粮食安全始终是关系国民经济发展、社会稳定和国家自立的全局性重大战略问题。2014 年,我国粮食生产实现了史无前例的 11 年连续增长(即"十一连增"),粮食产量达 60 709.9 万吨。但是国家粮食安全形势并不乐观。农业劳动力大规模转移,生产成本日益攀升,资源环境条件约束趋紧,加上国际农产品市场冲击等,都对国内粮食自给提出了更高的要求。2014 年中央农村工作会议提出"坚持把保障国家粮食安全作为首要任务。确保谷物基本自给、口粮绝对安全",这与2014年中央一号文件提出的"以我为主,立足国内,确保产能,适度进口,科技支撑"的新形势下的国家粮食安全战略一脉相承。新时期深入贯彻和落实国家粮食安全战略,实现农业可持续发展,已经成为党和政府确保粮食安全的共识。

恢复粮食生产,保障国家粮食安全,重点在粮食主产区。从历年统计数据来看,从1980年以来,13个粮食主产区的粮食产量占全国粮食总产量的比重稳定在70%以上,2014年粮食主产区的粮食产量占全国总产量的75.8%,播种面积占全国的71.9%,为稳定国家粮食供给、实现粮食生产"十一连增"奠定了坚实的基础。但是大部分粮食主产区人口密集、发展水平相对落后,加快城镇化建设成为带动经济发展的重要手段。随着粮食主产区城镇化快速推进,城镇化进程造成了粮食供需压力,对粮食安全提出了的新挑战,主要表现在以下3个方面。

①在粮食主产区城镇化推进过程中面临着农业用地和粮地的流失。城镇化的快速推进导致土地要素流出粮食生产领域,城镇化与粮食生产相互争地的矛盾日渐突出(汝信 等,2012)。粮食主产区耕地面积占全国耕地总面积60%以上,城镇化需要大量占用农业用地,耕地的减少对粮食生产的约束将日益突出。有的地方片面追求城镇化进程和水平,通过行政命令下指标、定任务、赶速度,违背农民意愿推进所谓的"规模化",损害了农民利益;有的地方借助城镇化进行土地整理,盲目引进工商资本,长

时间、大面积租赁和经营上述本应用作粮食生产的整理土地,加剧了土地的"非粮化"和"非农化"。以河南省为例,2014年河南省城镇化率只有43.8%,低于全国53.73%的水平,但河南省的耕地以每年20多万亩的速度减少,2011年人均耕地面积仅为1.22亩,土地后备资源已亮起"红灯"(马喆 等,2012),农业用地供需矛盾日益加剧。

②粮食主产区城镇化发展加剧了农业劳动力的转移。2013年全国农民工总量达2.69亿人,比上年增加633万人,增长2.4%,其中外出农民工1.66亿人,比上年增加274万人。特别是中西部地区务工的农民工数量增长较快,同年中西部地区外出农民工占外出农民工总量的75%。如粮食主产大省河南省,随着城镇化、工业化的加速,农村青壮年劳动力大量外流。2012年,河南省农村劳动力转移1 843万,约占其农村劳动力总数的37.59%(郭群鹏,2012)。农村劳动力过度转移会给农村发展和农业生产带来危害,给粮食生产带来的危害尤为严重,会导致粮食生产后继乏人。

③城镇化导致饮食结构变化和粮食需求刚性增长。2003—2011年,我国粮食生产累计增长33%,同期消费累计增长41%,消费增速是生产增速的1.24倍。以2012年的情况看,对新鲜蔬菜的需求,城市居民比农民高28%,植物油高24%,肉类高51%,家禽高136%,禽蛋高87%,水产品要高两倍,这些需求都需要大量的粮食进行转化,间接地导致了粮食需求量的增长(陈锡文,2013)。未来10年,我国粮食消费量的增长仍将略快

于产量增长，消费量年均增速将比产量高0.3%，我国的膳食结构将从低营养向高营养转变，预计今后较长的一段时间内，我国每年都要新增1 000万吨粮食、80万吨肉类和40万吨食用油消费（钱克明 等，2014）。未来粮食生产增长与城市农产品消费增长之间的矛盾还将进一步加剧。

(2) 粮食主产区协同处理好城镇化与粮食生产及消费的关系亟须解决以下3个重大现实问题。

①如何在推进粮食主产区城镇化进程中减少农业用地、粮地流失？多年来我国城镇化发展的实践证明，同步实现推进城镇化建设与减少农业用地流失的双重目标有较大的难度，我国城镇化建设不可避免地占用农业用地。加上近年来，地方各级政府出于优先发展工业和经济的考虑，在推进工业化和城镇化建设过程中，占用的土地往往是区位条件好、灌溉设施配套、土壤肥沃的农业用地，给这类地区的粮食生产带来了很大隐患。因此，只有构建一套城镇化与粮食产销安全协同化发展的良性互动机制，才能从根本上解决粮食主产区城镇化进程中农业用地减少问题，才有可能消除主产区粮食生产隐患，大力发展粮食生产，保障国家粮食安全。

②如何在推进粮食主产区城镇化进程中减少高素质农业劳动力流失？当前我国粮食主产区高素质农业劳动力流失面临突出问题：第一，粮食主产区农村青壮年劳动力大量外流，尤其是高素质劳动力流失严重，会导致粮食主产区高素质劳动力后继无人；第二，粮食主产区农村青壮年劳动力从事粮食生产收入低，在粮

食生产领域留不住年富力强的高素质农村劳动力；第三，粮食主产区新型创业农民支持体系尚未建立，对创业农民的支持措施和扶持政策不到位，很难使高素质农村劳动力成为新型创业农业经营主体。因此，必须从制度方面构建一套有利于激励高素质劳动力留在主产区从事粮食生产的政策扶持机制和收入持续倍增机制。

③如何有效处理城镇化进程背景下粮食主产区与主销区的粮食产销利益格局中收益倒挂的现象？随着城镇化发展加快，粮食主产区在发展粮食生产的同时必然会涌现出发展工业尤其是农业加工业的强烈动力，进而对提升当地财政收入水平有了前所未有的需求。而在以往的产业结构布局和政府的宏观设计中，粮食主产区往往在利益分配格局中处于绝对的劣势，主销区对主产区处于相对优势的现象依然存在。与此同时，随着城市居民收入水平增加和生活水平改善，对优质农产品需求会持续增加，特别是粮食主产区城镇化的推进，可能会引起粮食生产滞后、饮食结构变化以及粮食需求刚性增长等问题。在这种双重压力下，国家的粮食安全战略在推进过程中已经面临诸多隐性阻碍。这就需要根据我国国情，通过案例和实证分析，认真研究主产区与主销区的利益分配格局、进一步优化的途径以及粮食消费引起的供需变化带来的新问题。

（3）上述面临的主要问题，要依据粮食主产区城镇化影响粮食生产和消费的机制与实证研究来解决。当前，我国已进入全面深化改革的关键时期，农业的改革发展必须直面粮食安全这个无法绕开的重大命题。在当前深入推进新型城镇化的宏观背景下，城镇化的推进对粮食主产区粮食生产和消费有什么影响？影响的程度有多大？影响的路径和机制怎样？如何发挥积极影响而避免消极影响？诸如上述问题，都是摆在政府和农业经济理论界面前亟待解决的重大问题。这不仅关系到我国农业领域的深化改革能否顺利实现，更关系到新时期粮食安全能否得到保障，因而是事关强基固本的重要理论课题。

我们选择河南省为重点案例，因为河南省是我国第二产粮大省，其粮食总产量占到全国的1/10，其中小麦超过1/4。它既是国家重要的粮食生产基地和农产品生产基地，也是中原经济区建设的核心。由于河南省农村人口多、农业比重大、保粮任务重，人多地少的矛盾尤为突出，是我国"三农"问题的一个缩影。

本书通过"解剖麻雀式"的分析，将我国重要的粮食主产区河南省作为实证对象，从新型城镇化的视角统筹粮食生产，将城镇化发展的重点、难点和着力点聚焦到"三农"问题上来，从生产和消费两个层面研究城镇化进程对粮食安全的影响途径和机制，有针对性地提出适合河南省及其他粮食主产区的对策思路，这对于巩固河南省农业基础地位、保障主产区粮食安全，实现快速推进城镇化和保障国家粮食安全的双赢，都具有十分重要的理论应用价值和现实意义。

综上所述，通过"粮食主产区城镇化影响粮食生产和消费的机制与实证研究——以河南省为例"，解决当前粮食主产区和产粮大省城镇化影响粮食生产和消费的主要问题，是一项具有前瞻性和必要性的研究工作。从理论层面，可以进一步丰富和完善中国特色农业经济管理理论体系，为系统厘清城镇化进程与粮食生产和消费之间的互动逻辑关系提供客观、科学的理论依据；从实践层面，通过对产粮大省河南省的实证分析，可以为构建新形势下我国粮食安全战略提供系统全面的技术参照，为深化农业和农村经济的综合改革和保障粮食持续增产增效提供可行的思路和方案。

粮食主产区城镇化推进与粮食安全的现状分析

正确认识和理解城镇化与粮食安全的相互关系,离不开科学分析粮食主产区的城镇化、粮食生产与消费现状,因此,本章主要对粮食主产区城镇化与粮食安全的需求和供给进行描述性分析。河南省作为农业大省和产粮大省,其城镇化进程缓慢,农业仍是重点扶持的产业,城镇化与粮食安全协调发展问题突出,需要我们就所关注的问题以河南省为例进行更深入的分析。

2.1 粮食主产区城镇化的现状

2015 年我国城镇化率达到了 56.1%,城镇常住人口达到了 7.7 亿,但农业转移人口市民化的进展比较缓慢,户籍人口城镇化率还比较低(赵展慧,2016)。

在这里我们将粮食主产区 13 个省区的城镇化现状进行比较分析。2014 年全国平均城镇化率为 54.77%。根据图 2-1 所示,粮食主产区 13 个省区中,辽宁省、江苏省、黑龙江省的城镇化水平最高,城镇化率达到 60% 左右;湖北省、山东省、吉林省、内蒙古自治区的城镇化率与全国水平大致相当,处于 55% 左右;江西省、河北省、湖南省、安徽省、四川省以及河南省的城镇化率低于全国水平，其中河南省 2014 年的城镇化率为 42.5%，是粮食主产区 13 个省区中排名最低的省份。

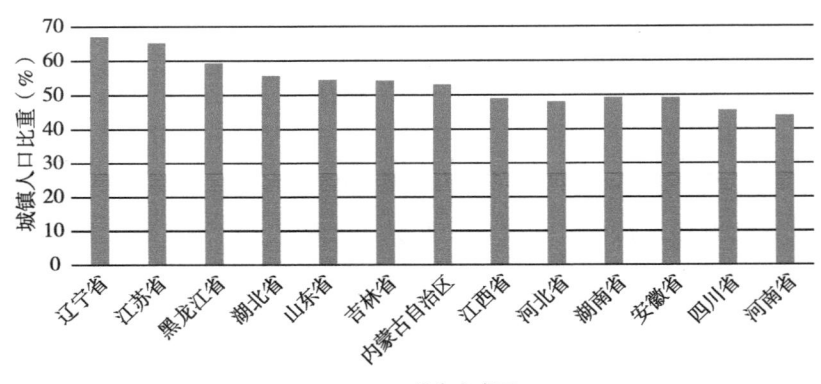

图 2-1　2014 年我国粮食主产区城镇化率

（资料来源：《中国统计年鉴 2015》）

从 2000 年开始，河南省一直是全国粮食产量最多的省份之一。作为粮食生产的核心区域，河南省的城镇化水平过低将会影响其经济发展水平，但如果城镇化不合理地高速发展，将对全省耕地面积以及劳动力分布等产生不良影响，进而影响粮食总产量和粮食安全。

1995—2014 年，河南省与全国的城镇化水平都是呈现不断上升的趋势，河南省的城镇化率一直低于全国水平，但二者之间的差距在不断减小。从整体上来看，全国的城镇化率变化的趋势基本稳定；河南省的城镇化率在 2005 年有一次比较快的提高，从 28.9% 上升到 32.47%，其余时间的上升趋势也呈现平缓的状态。

河南省作为我国产粮与人口大省，农村人口多，农业比重大，保粮任务重，经济结构不合理，农村富余劳动力亟待转移，基本公共服务水平偏低。由于改革开放前城镇乡村分割的政策制约，河南省城镇化进程中的先天基础并不理想；改革开放以来，河南省作为内陆省份，经济增长并没有实现大的飞跃，所以与发达省份乃至全国水平相比，城镇化率偏低。彭荣胜等（2007）认为，河南省的城镇化是明显滞后于工业化的，这与其不合理的产业结构有很大关系。

随着2010年中原经济区的规划得到国务院的批复，河南省作为国家重要的粮食生产和现代农业基地，经济发展水平得到了进一步提高。《河南省新型城镇化规划（2021—2035年）》中提出，2025年河南省的城镇化率要达到63%。2015年河南省的城镇化率水平是46.6%，离56%的目标还有很大的差距，这将意味着接下来的时间里河南省的城镇化进程将进入高速发展阶段。城镇化的快速发展将从人口、土地与产业3个方面对河南省产生影响，这也必将影响河南省的粮食安全。

为了进一步分析城镇化对河南省粮食安全的影响，我们选取了河南省产粮大县：新郑市、安阳县、滑县、新乡县、延津县、邓州市、唐河县、商水县和上蔡县，对上述各县2000年、2005年、2008年、2010年和2013年的城镇化相关数据进行了分析。

在表2-1中，因为各个县2013年之前的城镇化数据缺失，我们选择用第二三产业总人口与第一产业人口的比值作为替代指标，侧面反映城镇化的发展趋势。通过与2013年河南省整体水平以及产粮大县城镇化率的数据进行比较后发现，第二三产业总人口与第一产业人口的比值可以在一定程度上反映城镇化发展水平。从数据中可以发现，河南省与大部分产粮大县的上述人口比值指标都是不断增加的，但安阳县、邓州市的数据在2010年至2013年是下降的。在所有产粮大县的数据中，新乡县的比值最高。同时，我们对2013年的产粮大县城镇化率的数据比较中发现，新乡县的城镇化率达到48.3%，远高于其他县。但其他产粮大县在2013年的城镇化率只在30%左右，其中滑县的城镇化率只有23%。

表2-1 河南省产粮大县第二三产业从业人员与第一产业从业人员比值

产粮大县	2000年	2005年	2008年	2010年	2013年
河南省	0.56	0.80	1.05	1.23	1.39
玉米生产大县					
唐河县	0.23	0.53	0.65	0.73	0.90
安阳县	0.59	0.94	1.35	1.57	1.45
邓州市	0.32	1.18	1.35	1.46	0.91
小麦生产大县					
滑县	0.25	0.71	0.69	0.81	1.06
上蔡县	0.60	0.49	0.55	0.61	0.64
商水县	0.10	0.79	0.87	0.89	0.99
农产品加工强县					
新乡县	0.81	1.93	4.51	5.67	8.68
延津县	0.25	0.50	0.74	0.96	1.29
新郑市	0.69	0.89	1.49	1.81	2.23

资料来源：《河南统计年鉴》，2001—2014年。

河南省作为中部人口大省必将成为重要的产业转移承接地区，在第二三产业快速发展的背景下，城镇化也将快速发展，人口、土地和资金等各种因素都会发生改变，这将对产粮大县的农业产生巨大影响，进而影响河南省乃至全国的粮食安全问题。

2.2 粮食主产区粮食生产和消费现状

在第一章分析城镇化对粮食安全影响的理论基础上，这里主要对河南省粮食安全的影响因素进行实证性描述分析。我们从生产和消费两方面来了解农业的大致情况，生产方面包括人均粮食播种面积（公顷）、人均粮食产量（千克）、乡村从业人员（人）；消费方面包括城镇与农村居民家庭人均重要食品的消费量（千克）。

2.2.1 人均粮食产量

粮食产量是反映地区粮食生产规模的主要指标，人均粮食产量更能体现各个省份的粮食生产能力的效率。2014年全国人均粮食产量达445千克，辽宁省、山西省、江苏省、四川省的人均粮食产量略高于445千克，山东省、湖北省、江西省、湖南省、河北省的人均粮食产量保持在450千克左右；黑龙江省和吉林省的人均粮食产量远远高于全国平均水平，分别达到1 628千克和1 284千克，这与东北地区的地理环境以及普遍的机械化粮食生产方式是分不开的。从河南省来看，2014年河南省的人均粮食产量为612千克，处于粮食主产区第三的位置。

近年来，河南省与全国人均粮食产量均处于增长的趋势，且产量差距保持稳定，河南省也一直保持粮食主产区中人均粮食产量第三的位置。2012年河南省人均粮食产量为600千克，全国人均粮食产量为437千克，相差为163千克；2013年全国人均粮食产量为443千克，河南省达到607千克，相差为164千克；2014年河南省人均粮食产量增长至612千克，全国的人均粮食产量达到445千克，相差为167千克。

1988—2002年，河南省人均粮食产量虽然不断波动，但变化幅度不大；2003年河南省与全国的人均粮食产量都突然降低，这主要是因为秋季严重的自然灾害；2004—2008年出现了较快的增长，这与河南省乃至全国对于农业的逐渐重视有很大的关系，河南省作为粮食大省，得到省内乃至国家的农业支持；2009—2014年河南省的人均粮食产量表现出更平稳的增长态势，与全国人均粮食产量水平的变化速率保持一致，这一方面应该与中央政府和河南省政府高度重视粮食生产，从政策制度与科技上加大对农业的支持有关；另一方面由于河南省人口基数过大、增长速度较快，导致河南省人均粮食产量无法实现更快的增长。

河南省处于我国中东部，横跨海河、黄河、淮河、长江四大水系，省内多为平原和盆地，这种地理条件让河南省自古以来就是农业大省。同时，因为河南省地处内陆，发展农业的机会成本也不太大，所以近些年农业的发展速度平稳，总体呈现不断增长的态势。但随着我国城镇化的不断发展，产业向中部省份转移，河南省作为农业大省需要对农业生产、粮食安全与经济发展进行更为合理的协调。

改革开放以来，由于推行家庭联产承包责任制和提高农业科技水平与农业投入水平,河南省的农业生产能力得到不断改善。河南省与全国的人均粮食产量比较不太一致,其变化主要表现为两个阶段:1985—1996年,河南省与全国的人均粮食产量水平差距不大,河南省的人均粮食产量在大部分年份略低于全国水平,但从具体数值来看,两者水平大致相当,这与当时全国正处于经济变革时期的基本情况是分不开的;1997—2014年,这一阶段河南省的人均粮食产量一直高于全国的人均粮食产量,由于2007年河南省作为农业大省不断发展农业,与全国的人均粮食产量差距不断增大,2007年二者的差距达到了178千克,2008—2014年河南省与全国人均粮食产量的增长速度大致相当。目前来看,河南省与全国人均粮食产量差距比较稳定,河南省的人均粮食产量始终比全国人均粮食产量多160千克左右。

2.2.2 人均粮食播种面积

《国家统计局关于2014年粮食产量的公告》中提到,2014年全国粮食播种面积11 273.83万公顷(169 107.4万亩),比2013年增加78.27万公顷(1 174.1万亩),增长0.7%。通过对粮食主产区各个省份的粮食播种面积的数据分析我们可以发现,除了四川省比2013年减少了2 900公顷,减少0.04%,其余省份粮食播种面积均实现了增长。吉林省出现了210 733公顷的增长,黑龙江省、河南省、湖北省、山东省的粮食播种面积与2013年相比也出现超过100 000公顷的增长。在这里,我们主要对河南省进行分析。

2014年河南省粮食播种面积达到10 209 800公顷，比2013年增长了127 990公顷。为了对河南省的粮食生产能力进行更好的分析，我们选取了人均粮食播种面积这个指标。

全国的人均粮食播种在1985—2002年下降，2003年又出现缓慢的回升趋势，2014年人均粮食播种面积已经达到约0.08公顷，这可能与全国最近十几年对于农业的重视与补助有很大的关系。河南省的人均粮食播种面积在1985—2003年也出现了下降趋势，但从2004年开始出现不断增长的趋势，特别是2004年人均粮食播种面积从0.092公顷增长约为0.098公顷，但2013年出现了回落的现象。从河南省与全国的人均粮食播种面积的比较来看，河南省一直高于全国水平，但从2013年起，二者差距开始缩小。

2.2.3 乡村从业人员

由于乡村劳动力指标缺失，我们利用乡村从业人员指标来衡量农村农业劳动力。由于2013年和2014年的数据不完整，在这里我们主要对2012年粮食主产区各个省份的数据进行分析。

2012年全国乡村从业人员达到3.960 2亿人，其中，辽宁省、山西省、黑龙江省、吉林省的乡村从业人员的数量分别占全国的3.0%、2.0%、2.0%、2.0%；安徽省、湖南省、河北省以及四川省的乡村从业人口数量较多；河南省尤为突出，其乡村从业人员占比达到12.3%，具体人数达到4 905万人。从总数来看，粮食主产区13个省份的乡村从业人员之和达到全国乡村从业人员总数的80%。

1985—1999年河南省乡村从业人员的数量是不断上升的，从2000年起，上升的幅度不断减小，呈现更加平滑的变化态势。特别是在2013年首次出现了绝对人数的下降。这一系列的趋势变化与经济发达地区吸引农业人口外出就业有很大的关联。河南省由于产业结构不合理等原因导致城市化水平低于工业化水平，随着未来经济水平的不断增长，城市化水平不断提高，第二三产业对劳动力的拉动力更加强烈，将可能对乡村从业人员总量带来更大影响，这在一定程度上会对农业机械化仍然不够普及的河南省的粮食安全产生影响。

2.2.4 重要食品消费量

城镇化的迅速推进以及经济发展将会对居民的饮食结构生产重大影响（Pingali，2007），饮食结构的重大变化主要体现在粮食消费的减少和蛋、奶以及畜产品消费的大幅增加。大量的经验证据表明，我国城市的饮食结构日益丰富并且西化，具体体现在肉类、海鲜、奶制品消费比例上升而谷物以及纤维类消费比例下降（Popkin，1999；Pingali，2007；Drewnowski et al.，1997；Delgado，2003）。除了收入增长的影响，过去20年快速的城市化引发了品味、生活方式、营销体系和职业构成的重大变化，大大促进了我国城市饮食结构的转变（Popkin et al.，2003；Huang et al.，2001）。荤食对粮食的需求是素食的3倍多（Bouma et al., 1998),随着预期的快速城市化发展和经济增长,饮食结构的转变对未来粮食需求可能会产生巨大的影响。

随着城镇化水平的不断提高和经济水平的增长,农村居民和城镇居民的重要食品消费量也产生了变化。我们对河南省城乡居民 10 个类别的食品年家庭人均消费量的数据进行了整理(表 2-2)。

表 2-2 河南省城乡居民家庭人均购买(消费)主要食品数量 单位:千克

食品	区域	1990年	1995年	2000年	2005年	2010年	2012年	2013年	2014年
粮食	农村	253.96	235.67	257.63	211.62	188.47	143.97	151.29	124.86
	城镇	141.71	118.12	105.54	85.41	80.11	72.31	98.55	74.11
食用植物油	农村	2.60	2.97	4.77	4.25	4.79	6.85	6.53	6.17
	城镇	5.27	6.20	6.90	7.30	7.56	7.41	10.26	9.27
猪牛羊肉	农村	5.22	4.20	10.34	6.43	8.52	6.93	8.49	7.64
	城镇	17.51	14.84	14.90	15.50	16.36	16.41	18.15	16.01
家禽	农村	0.46	0.35	1.72	1.57	2.28	2.27	2.69	3.64
	城镇	2.44	4.01	5.66	4.00	5.67	5.67	5.80	4.86
水产品	农村	0.22	0.39	0.96	1.30	1.50	1.74	1.91	2.40
	城镇	3.29	3.40	3.60	3.30	4.59	4.62	4.61	4.36
奶制品	农村	0.02	0.09	0.14	0.85	2.44	3.04	3.66	4.95
	城镇	3.30	3.49	6.40	15.00	17.42	16.10	18.68	15.22
蛋类	农村	2.19	2.71	9.73	8.48	9.10	9.06	7.86	9.38
	城镇	9.16	13.80	15.80	12.90	13.72	14.51	14.62	12.54
蔬菜	农村	85.00	52.76	146.54	100.75	88.03	70.46	63.65	68.71
	城镇	128.95	118.06	114.10	132.60	119.60	104.51	106.83	88.70
水果	农村	3.11	11.04	12.01	15.39	20.96	27.89	32.63	37.81
	城镇	44.01	48.83	52.40	58.10	61.53	66.88	64.44	53.42

(续表)

食品	区域	1990年	1995年	2000年	2005年	2010年	2012年	2013年	2014年
酒类	农村	2.27	2.80	4.62	5.97	6.24	6.14	6.43	7.10
	城镇	7.50	8.23	9.52	5.97	5.16	5.07	6.62	6.95

资料来源：《河南统计年鉴》，1991—2015年（目前城乡食品消费统计指标不完全一致）。

对河南省城乡居民家庭的主要食品消费量分别描述如下。

（1）粮食消费。从数据来看，农村居民和城镇居民的粮食消费在1990—2014年都出现了降低。其中，农村居民粮食消费在1990年为253.96千克，到2014年为124.86千克，减少了129.1千克。从统计数据可以发现，农村居民粮食消费量从1990年的253.96千克到2000年257.63千克，其间的粮食消费量均维持在250千克以上，但是从2005年起，农村居民粮食消费量下降为211.62千克，农村居民粮食消费量整体上呈现不断下降的趋势。

从数值上可以发现，城镇居民的粮食消费量一直低于农村居民的粮食消费量，一般只占农村居民粮食消费量的60%以下。城镇居民粮食消费量在1990年为141.71千克，2014年只有74.11千克，减少了67.60千克。从统计数据来看，城镇居民粮食消费量在1988年为145.25千克，直到1992年为137.86千克，其间消费量都维持在较高的水平。自1993年起消费量从117.63千克起呈现不断下降的趋势，直至近些年来城镇居民的粮食消费量大致维持在75千克。

河南省作为人口大省和农业大省，其城镇化发展一直滞后于全国平均水平。一般来讲，随着经济的不断发展和居民收入的不断提高，随之而来的就是生活习惯的改变。从城镇居民和农村居民的粮食需求量比较来看,由于城镇居民的人均收入水平高、体力劳动消耗少以及生活习惯的影响等原因,其粮食消费量与农村居民相比更低;同时,随着经济的不断发展,农村居民外出务工和收入不断增加,农村居民的粮食消费也不断降低,并向城镇居民靠拢;从两类居民粮食消费变化较大的年份来看,很可能由于河南省城镇化发展较慢,农村粮食消费直到2005年才出现较大的减少,而城镇居民的消费量在1993年就已经出现较大的减少。

(2) 食用植物油消费。1990—2014年的整体数据可以发现,城镇居民与农村居民家庭人均食用植物油的消费量都在不断增加。从重点年份来看,农村与城镇食用植物油消费变化的具体数值大致相当,农村居民家庭人均食用植物油消费量1990年为2.60千克,2013年为6.53千克,增长了近4千克;城镇居民人均消费量1990年为5.27千克,2013年为10.26千克,增长了近5千克。但从食用植物油的消费结构来看,农村居民对食用植物油的消费比例在不断增大,随着经济发展程度不断提高,农村居民对于动物油的人均消费量从1990年的0.39千克减少到2013年的0.09千克,这也反映出农村居民的消费习惯发生了改变。我们对城镇居民食用植物油的消费量进行分析也可以发现,1990年人均食用植物油消费量为5.75千克,2014年人均消费量达到9.27千克,增加了61.22%。但目前由于经济差距、饮食习惯等问题,城镇居民与农村居民食用植物油消费仍有较大的差距。

(3) 猪牛羊肉消费。从数据来看,农村居民猪牛羊肉人均消费呈增长趋势,从1990年人均的5.22千克增加到2014年的7.64

千克。而城镇居民猪牛羊肉的消费则大致维持一定，1990年人均消费量为17.51千克，2014年保持在16.01千克。因此，城镇居民与农村居民的人均猪牛羊肉消费量差距在不断减小。我国居民肉类消费中猪肉、家禽比重偏高，牛羊肉消费比重偏低，既不利于居民身体健康，也加剧粮食供应压力（王恩胡 等，2007）。

农村猪牛羊肉的消费量1990—2014年呈现了前期增长、后期回落的发展趋势，其中在2002年达到人均消费量的最大值12.11千克；从消费结构来看，农村居民对猪肉消费的占比是不断增加的。从城镇居民消费量变化来看，人均猪牛羊肉消费量基本维持在16千克左右。

（4）家禽消费。农村居民自改革开放以来，不断增加对家禽的消费量，人均消费量从1990年的0.46千克，增长为2014年的3.64千克，增长了近7倍。城镇居民1990—2003年维持了对家禽人均消费量增长的趋势，人均消费量从1990年的2.77千克，增长为2003年的6.22千克。但是由于禽流感等家禽饮食安全问题的出现，2003年之后，城镇居民对家禽的消费量急速减少，在随后7年间，人均家禽消费量也维持在5千克左右的水平。从总体来看，城镇与农村居民的人均家禽消费量的差距在不断减小。

（5）水产品消费。从1990年至今，河南省城镇居民对水产品的消费量表现为较低速度的增长，1990年人均消费量为2.66千克，2014年为4.36千克，增长了63.9%；农村居民的水产品消费量则不断增长，从1990年0.22千克增长到2014年2.40千克，增长了近十倍。

(6) 奶制品消费。从改革开放初期到现在,城镇居民与农村居民对奶制品的消费量均不断增长,其中农村居民人均奶制品消费量从 1990 年的 0.02 千克增长到 2014 年的 4.95 千克;城镇居民更是出现了几倍的增长,从 1990 年的人均 3.30 千克的消费量增长到 2014 年的 15.22 千克。

(7) 蛋类消费。城镇居民蛋类消费的增长主要出现在 1990—1992 年,从 1990 年的人均 8 千克增长到 1992 年的 12.52 千克,之后城镇居民的蛋类消费量即使不断起伏变化也维持在 13 千克左右;农村居民家庭人均蛋类消费在 1990—1999 年不断增长,1990 年人均蛋类消费量只有 1.84 千克,1999 年达到 7.82 千克,2000 年之后的农村人均蛋类消费量基本维持在 8 千克左右。农村居民的消费量与城镇居民之间的消费量差距在不断减少。

(8) 蔬菜消费。河南省的城镇居民人均蔬菜消费量变化比较大,1990—1993 年呈现不断减少的趋势,从 1990 年的 134.03 千克减少到 1993 年的 115.73 千克,之后 1993—2000 年维持在人均 115 千克左右的消费量;2001—2009 年从 124.90 千克不断增长,其中在 2007 年达到 149.30 千克的消费量;从 2010 年开始,城镇居民的人均蔬菜消费量又不断下降,在 2014 年甚至只有 88.70 千克的消费量。农村居民人均鲜菜消费量变化也比较大,1990 年人均蔬菜消费量为 73.11 千克,2002 年人均消费量达到峰值,为 154.50 千克,在 2014 年农村人均蔬菜消费量为 68.71 千克。从总体来讲,城镇居民与农村居民的蔬菜人均消费量变化都比较大,与改革开放初期的消费量比,城镇居民人均消费量减少了45千克，农村居民人均消费量减少了4千克，都与一般认识不符。王恩胡等（2007）认为总量统计数据未能充分反映蔬菜品种结构优化这一因素。改革开放初期，当时食品短缺，市场蔬菜主要是类似于大白菜一类的大路菜；随着改革、开放、发展，蔬菜朝精细化发展，温室种植技术推广，反季节蔬菜供应增加，特别是近年来随着净菜发展，蔬菜的品质和利用率有较大提高，这一点统计数据未能反映出来。

（9）水果消费。农村居民的人均水果消费量增长幅度大，从1990年3.11千克增长到2013年32.63千克；城镇居民的人均水果消费量变化相对较小，1990年就已经达到了44.01千克，从2010年以来看，基本维持在60千克左右。从总体来看，城镇与农村居民的人均消费量差距在不断减小。

（10）酒类消费。随着经济发展水平不断提高，农村居民的酒类消费水平不断增长，从1990年1.95千克增长到2014年7.10千克；城镇居民的人均酒类消费量变化不大，且从啤酒、白酒的消费结构变化来看，改变也不明显。

图2-2反映的是1990—2014年城镇居民家庭人均重要食品消费量。我们主要从粮食、蔬菜、食用植物油和猪牛羊肉的变化趋势来进行分析。从趋势图可以发现，随着经济不断发展，猪牛羊肉的消费量维持在一定水平而蔬菜和粮食都出现了降低，同时食用植物油出现了增长趋势。从消费结构来看，在改革开放初期，城镇居民人均蔬菜、粮食和猪牛羊肉的消费量维持相等，食用植物油消费较少；随着经济的发展，猪牛羊肉的人均消费量已经超

过了蔬菜和粮食的人均消费，但蔬菜和粮食以及食用植物油的消费趋于相等，消费结构发生了变化。

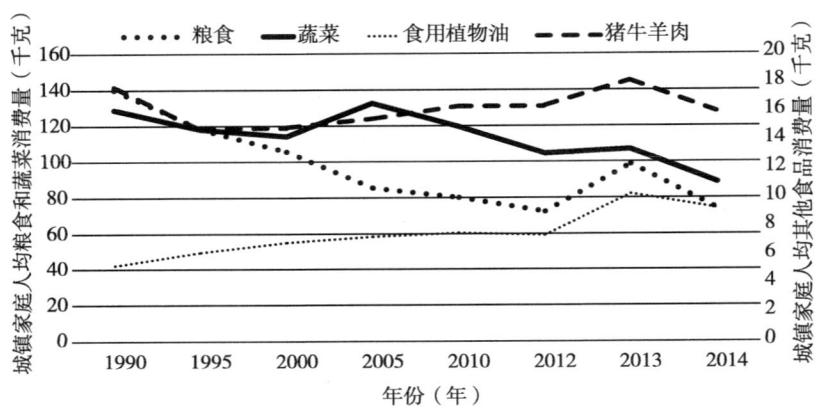

图 2-2 城镇居民家庭人均食品消费量

（资料来源：《中国统计年鉴》，1991—2015 年）

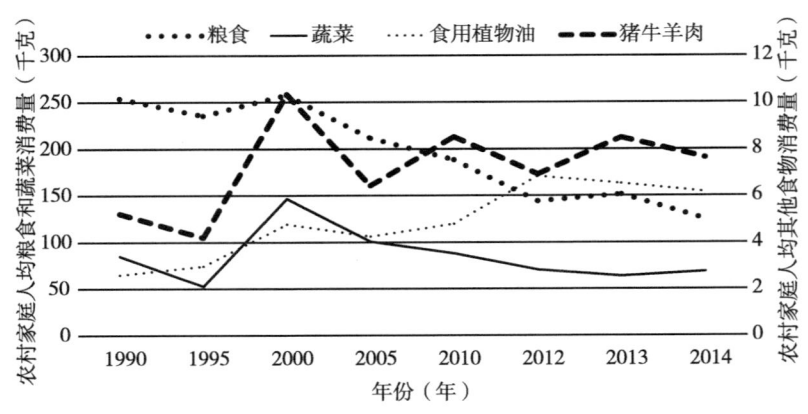

图 2-3 农村居民家庭人均食品消费量

（资料来源：《中国统计年鉴》，1991—2015 年）

图 2-3 反映的是 1990—2014 年农村居民家庭人均重要食品消费量。我们从农村人均粮食、蔬菜、食用植物油和猪牛羊肉消费量进行分析。从趋势图可以看出，人均粮食消费量减少了，但食用植物油和蔬菜的消费量基本维持在一定水平；但猪牛羊肉的消费量变化幅度比较大。从消费结构来看，改革开放初期，农村居民人均消费以粮食为主，蔬菜和肉类、油类消费量比较少；随着经济的发展，粮食消费与蔬菜、肉类和油类的消费量逐渐趋于一致。

2.3 粮食安全的现状分析

快速推进的城镇化进程，将会深刻地影响粮食的生产和消费。城镇化不但会加大粮食增产的压力，同时也通过推动居民饮食结构升级，增加最终的粮食消费需求，造成供需失衡。目前粮食进口规模逐渐扩大，粮食供给对外依赖度显著提高，致使粮食安全问题日趋突出。

2.3.1 粮食的供需状况

从 1992 年以来，我国的主粮自给率一直保持在较高的水平，基本上保持在 95% 以上的水平，而且大多数年份，我国的主粮自给率保持在 97% 以上的水平。从我国主粮的自给率来看，我国的主粮供需是相对平衡的，而且我国的主粮在某些年份还出现净出口的状况，如 1997—2003 年和 2005—2007 年。尽管我国的主粮自给率一直都保持在一个较高的水平，但是我国的主粮安全问题不容乐观。首先，我国的人均主粮消费量呈现下降趋势，但近年来我国人均主粮消费量下降趋势逐渐减缓，总体而言主粮需求下降空间有限；其次，尽管我国的人均主粮产量一直保持上升趋势，但上升趋势逐渐减缓；最后，我国人口基数较大，年新增人口较多，每年新增主粮需求量大。在这些因素的综合作用下，如果我国的主粮自给率以95%为基本红线，那么我国的主粮自给率在未来一段时间内也将承受一定的压力。

在我国人均主粮消费量下降的趋势下，我国的主粮自给率尽管承担一定的压力，但是并没有遇到较大的挑战，而我国的粮食自给率却形势严峻。随着城镇化的推进，经济发展水平和生活水平的提高，我国的饮食正在发生重大的变化，不但饮食的数量增长，饮食的结构也发生了巨大变化。不同于主粮的高自给率，我国的粮食自给情况不容乐观，1992—2014年以来，我国粮食的供需状况波动比较大，特别是2004年以后进口规模明显增加，粮食自给率显著下滑。通过分析粮食的净进口状况，能够简单清晰地揭示我国粮食的供需变动情况。我国的粮食进口状况可以分为明显的两个阶段：在1992—2003年，我国粮食进口规模较小，粮食进口规模呈现一定的波动，而且多数年份我国是粮食的净出口国，总体来讲，这个阶段我国粮食的自给率相对较高，粮食进口规模比较小，总体上实现了国内粮食生产消费的供需均衡，国际粮食市场更多承担的是调剂余缺的功能；在2004—2014年这个阶段，我国的粮食进口规模快速增长，进口规模从不足4%，迅速增加到接近16%，粮食的自给率显著下降，对于国际粮食市场的依赖度明显提升，这个阶段的数据表明我国粮食生产明显无法满足国内的粮食需求，粮食供需缺口逐渐增大，粮食安全问题不容乐观（图 2-4）。

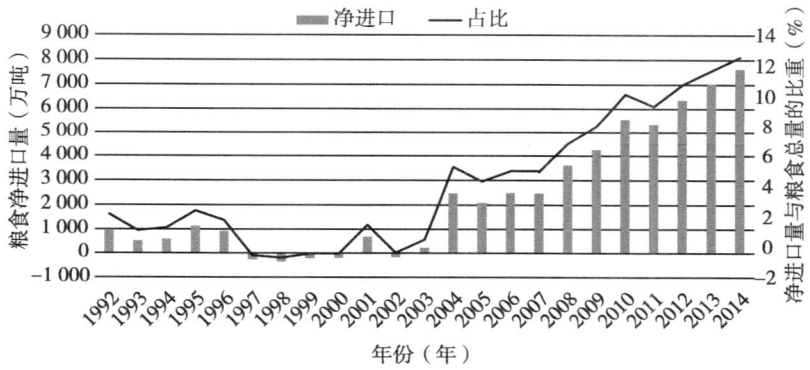

图 2-4　粮食净进口量以及与粮食总产量的比重

（资料来源：《中国统计年鉴》，1993—2015 年）

尽管目前我国的主粮自给率保持相对安全和稳定，但是我国的总体粮食自给率却显著下降，供需缺口逐渐增大，特别是随着城镇化的推进，我国城镇居民人数持续增长，居民饮食结构不断西化，饮食中油脂、肉、奶、蛋比例不断上升，导致我国粮食需求还将保持高速增长，未来的粮食缺口可能还会进一步扩大，因此，城镇化将进一步影响粮食供需状况，也会对粮食安全带来更大的挑战。

2.3.2　城镇化对粮食供需的影响

从 1997 年以来，国内的粮食生产出现了相对较大的波动，大致可以分为以下两个阶段：第一个阶段 1997—2003 年，粮食的生产量呈现下降趋势，并在 2003 年达到低谷，粮食生产量只有 43 069.53 万吨，相比 1998 年的高峰减少了 8 160 万吨，减少了 15.93%，粮食产量下降明显；第二个阶段 2004—2014 年，粮食产量保持持续增长，但是粮食增长速度呈现波动式下降，粮食增长能力逐渐减弱。我国的城镇化却保持高速增长，而且增长速度相对平稳，1997—2014 年，城镇化率每年平均提高 1.34 个百分点。总体而言，粮食生产量的平均增长速度低于城镇化的平均增长速度，而且随着城镇化的逐步推进，城镇化将对粮食供给产生更大的影响和制约（图 2-5）。

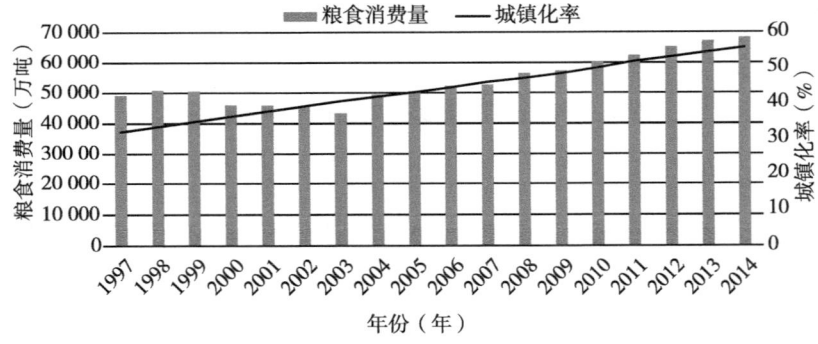

图 2-5　粮食消费量与城镇化率

［资料来源：《中国粮食年鉴》，1998—2015 年（粮食消费量等于粮食生产量加上粮食净进口量）］

粮食消费量在 2004 年以前和粮食生产量基本保持相同的变化，因为在 2004 年以前我国的粮食进出口规模非常小，粮食的生产量限制了我国的粮食消费量，所有二者保持相同的变化趋势。在 2004 年以后我国的粮食进口规模迅速增长，我国的粮食消费量增长迅速，增长速度高于粮食生产量，同时粮食消费量的增长速度略高于城镇化的增长速度。数据表明从 2004 年开始，城镇化对粮食消费的影响开始显现，居民饮食结构升级增加了对油脂的消费量，导致我国对大豆等油料农产品的进口显著增加。

随着城镇化率的不断提高，尽管粮食生产量基本上还保持增长，但增长速度下降，增长能力减弱，同时粮食消费量却依然保持相对较高的速度增长，并没有减弱的势头，导致粮食供需之间的缺口逐渐加大。城镇化对于粮食供给的制约将日趋严重，同时通过推动居民饮食结构升级，对粮食消费量的影响也会随着城镇化的进一步提高而更加明显，城镇化对于粮食供需的影响将会越来越大。城镇化的不断推进，将会深刻影响粮食的供需问题，并最终影响粮食的安全问题，如果不能很好地处理城镇化与粮食生产与消费的关系，那么我国的粮食安全问题将更加严峻。

2.3.3 城镇化对河南省粮食供需的影响

我国粮食供需之间缺口呈现扩大的趋势，粮食存在供给不足问题，通过分析我国 13 个粮食主产区的粮食产量，可以发现 2004—2014 年，粮食主产区的粮食产量呈不断增长趋势，粮食主产区的粮食产量在全国的占比从近 73% 增长到 75% 左右，并长期稳定在 75% 左右，但是粮食增长速度逐渐下降，粮食生产能力增长乏力。尽管粮食主产区的粮食生产量占据我国粮食生产量的 3/4，但是我国粮食供给和需求依然存在巨大的缺口，在 2014 年这个缺口高达 16% 左右，因此，为了确保粮食生产满足一定的自给率，实现粮食安全，粮食主产区的粮食生产必须得到支持和鼓励（图 2-6）。

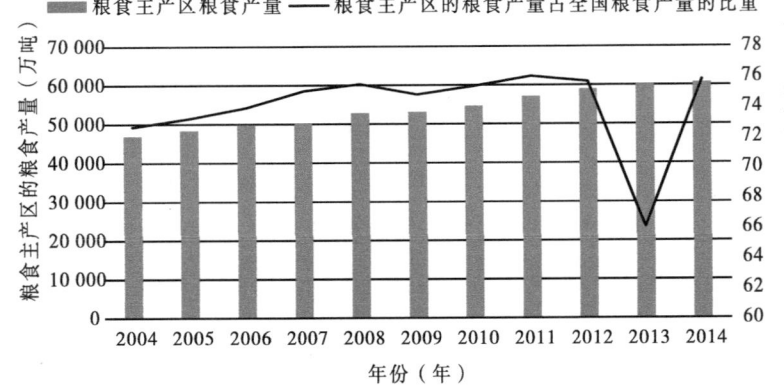

图 2-6 粮食主产区的粮食产量和占比

(资料来源:《中国统计年鉴》,2005—2015 年)

河南省作为粮食主产区最重要的粮食产区之一,它的粮食生产能力对我国确保粮食安全具有重大的意义。2004—2014 年,河南省的粮食产量一直在增长,但是产量增长也呈现出日趋缓慢的特征,然而相对于粮食主产区的产量占比稳定在全国 75% 的水平,河南省的粮食产量在全国的占比却呈现先升高后下降的特点,2004—2007 年产量占比逐渐上升,并达到顶峰 10.46%,2007—2014 年逐渐下滑,下滑到 2014 年的 9.51%。在目前全国粮食缺口逐渐增加的情况下,需要粮食主产区承担更多粮食生产任务,但是无论是粮食主产区还是其中的河南省,粮食生产都增长乏力。

在 2004—2014 年,河南省的粮食产量一直保持增长,但是总体增长能力逐渐下降,然而城镇化水平却保持高速增长,从 2004 年的 28.90%,增长到 2014 年的 45.20%,年平均增长 1.63

个百分点。随着城镇化水平的迅速提高，我国粮食生产能力将会受到影响，河南省的粮食生产能力也将受到影响，城镇化对河南省粮食生产的影响将日益显著。

从城镇化角度来看，河南省的城镇化率一直呈现上升趋势。河南省作为中部省份，是粮食主产区的核心区域，经济增长速度很快。河南省城镇化水平长期低于全国平均水平，这与其经济结构的不合理有一定关系。为了今后更好地发展经济，河南省必将不断快速地提高城镇化率，这势必将对粮食的生产与消费产生巨大的影响。

2.4 结论

我国已经进入快速城镇化发展的阶段，但是 13 个粮食主产区中大部分主产区的城镇化水平并不高，而且多数低于全国平均城镇化水平，这意味着粮食主产区的城镇化将面临巨大的挑战，其中河南省的城镇化水平又是最低的，因此，河南省在未来的一段时间内将面临城镇化水平迅速提升的挑战。快速的城镇化将会严重影响农业耕地面积、农业投入劳动力以及粮食需求量，改变粮食的供需结构，进而影响粮食安全问题，因此，进一步分析河南省的城镇化以及粮食生产、消费现状对于维护粮食安全具有重要意义。

根据 1995—2014 年的城镇化数据，河南省的城镇化率一直低于全国的平均水平，但是从 2005 年之后，河南省的城镇化进入提速发展阶段,逐渐缩小与全国的差距。河南省在改革开放之后,深受城乡分割的政策制约,产业结构不合理,城镇化严重落后于工业化,造成城镇化水平低于全国平均水平。2010年中原经济区规划的批复,标志着河南省将迎来巨大的发展机遇,经济发展需求强烈,城镇化也进入了迅速发展阶段,这将给粮食生产带来巨大影响,尤其是河南省作为全国产粮大省,城镇化必将深远影响河南省的粮食生产和消费。

从粮食生产角度来看,河南省的人均粮食生产能力虽然近些年来上升趋势逐渐缓慢,但依旧远远高于全国平均水平;从人均粮食播种面积来看,河南省的人均粮食播种面积虽然在2013年后出现了减少,但近些年来基本处于平衡状态;从粮食播种总面积来看,河南省也基本保持稳定。但是,由于城镇化过程中土地置换政策将导致优质农田被侵占,即使保持耕地土地总面积不变,耕地也会出现土地质量下降的问题,而且也可以被数据印证,近些年来河南省的粮食产量的增长速度已经趋于减缓。

从粮食消费的角度来看,河南乃至全国的城镇居民与农村居民家庭个人饮食结构都在发生变化。根据学者研究发现,随着城镇化的发展,农村居民的饮食消费习惯不断向城镇居民靠拢,提高了肉、蛋、奶、蔬菜、水果等农产品的消费总量。从本研究整理的数据来看,自改革开放以来,城镇居民与农村居民家庭对家禽、水产品、蛋类、奶制品与食用植物油的人均消费量不断增加;城镇居民对猪牛羊肉、水果和酒类的消费量变化不大,但农村居民的人均消费量都出现了增加;城镇居民和农村居民对蔬菜和粮食的消费量出现了减少,值得注意的是,城镇与农村居民人均粮食消费量都出现了大幅度减少。

国内外研究发现,由于各种食品消费量都可以根据饲料转换率转化成粮食消费量,居民饮食结构中肉、蛋、奶、油等食品量的增加,将导致粮食生产对土地需求量的增加。一方面,由于城镇化的进程,越来越多的人将进入城镇,饮食习惯也将向城镇居民转变,对除粮食外其他食品需求量将增加;另一方面,由于经济水平提高和文化等方面的影响,农村居民的饮食习惯也将发生较大的变化,对于肉、蛋、奶、油的需求也在增多,这势必也会增大对其他食品的需求量。总体来看,随着城镇化的发展,对于除粮食外的食品需求量将增大,这势必会给土地需求带来更大的压力。目前,河南省的城镇化水平还不高,今后几年中,快速城镇化发展必然导致其城镇居民数量增多,从而增加对其他食品的需求量,同时农村居民的饮食也会受到影响而向城镇居民趋近,其潜在的粮食需求量很大。

城镇化与粮食安全具有有机的相互联系,一方面城镇化的推进会侵占农业耕地,吸引农村劳动力进城,对于粮食生产带来负面的影响;另一方面城镇化的发展会不断提高人民的生活水平,城乡居民的食品消费量将会提升,也推动城乡居民饮食消费结构升级,消费更多的禽肉奶蛋,由于每单位禽肉奶蛋都需要更多的饲料转化,因而进一步增加了对于粮食的需求。城镇化不但影响粮食的生产供给,更影响居民的消费水平和消费结构,城镇化同时影响着粮食的供需两方面,造成粮食供需失衡,影响粮食安全。

3 粮食主产区城镇化对粮食生产所需耕地资源的影响——以河南省为例

3.1 概述

耕地是粮食生产的基本保证,其变化直接影响粮食的生产能力和供给能力。确保一定数量和质量的耕地资源是保障区域和国家粮食安全的基础。随着我国城镇化和工业化的快速发展,城市用地面积扩张,耕地面积减少,可供开发利用的土地资源日趋有限。在这种情况下,既要保障粮食生产,又要满足城市经济发展的需要,土地资源利用矛盾日益积累,耕地保护和粮食安全保障形势日益严峻。

河南省作为我国农业大省和重要的粮食主产区,在国家粮食安全格局中具有举足轻重的战略地位,其耕地资源保护更是关系到整个国家的粮食安全和社会稳定。河南省以占全国6%的耕地生产了占全国10%以上的粮食,自2000年以来连续15年粮食总产量居全国前两位,每年调出粮食1 000多万吨,为保障国家粮食安全做出了巨大贡献(李治国 等,2014)。

但是,未来城镇化和工业化的加快可能对河南省耕地保护和粮食生产带来巨大影响。2012年河南省的城镇化率是42.4%,比全国平均水平落后近10个百分点。《河南省新型城镇化规划(2021—2035年)》中明确指出,到2025年,河南省城市化率要达到63%，这意味着该地区未来将经历快速的城市发展和城市用地需求的增加，也意味着区域内土地利用冲突加剧，保护现有耕地资源面临巨大压力。在这样的背景下，研究河南省城镇化对粮食生产所需耕地资源的影响，对衡量河南省的耕地资源和粮食安全状况，对推进工业化、城镇化和农业现代化"三化"协调发展，都有着重要的借鉴意义。

3.2 有关城镇化对耕地影响的文献综述

随着城镇化化的快速发展，有关城镇化对耕地影响的研究日渐丰富，但是关于城镇化对耕地的影响存在争议，主流观点认为城镇化不利于耕地的保护，将会造成耕地减少。许多学者通过长期关注耕地面积的变化，研究发现随着经济快速发展和城镇化的迅速推进，耕地减少幅度不断扩大，严重影响了我国的粮食生产和粮食安全。封志明等（2000）认为城镇化的发展将会使耕地大量减少，并影响国家的粮食生产能力，进而影响国家的粮食安全，Lin等（2003）认为大城市的迅速发展和扩张是耕地减少的主要因素，而且谈明洪等（2004）进一步认为大城市的公共交通和服务设施用地才是导致耕地减少的重要原因。Seto等（2000）认为城市用地的需求增加将会导致农业耕地减少，而且提出农业用地生产效率与工业用地生产效率的比值是导致农业耕地流失的根本因素，而劳动生产率以及资本投资也对农业耕地流失产生重要影响。通过对郊区的土地利用变化进行研究，认为城市建设用地需求比土地供给对土地利用方式的影响更大,即城市用地的扩张对耕地的流失影响更大,而且区位优势、政策规章、公共基础服务设施等也是影响耕地流失的重要因素。技术、政策和投资也对耕地的流失产生重要的影响,Zhai 等(2000)认为经济和技术因素是耕地流失的根本因素,特别是政策在耕地性质转变过程中具有重大的控制、调整和协调作用。土地制度因素也是影响耕地保护的重要因素,Skinner 认为尽管我国耕地保护法律体系已经完成,但是地方政府仍有牺牲农业耕地促进经济增长的动力。但是也有部分学者认为,因为城镇人均建设用地少于农村,城镇化不但不会促进耕地流失,还将促进土地的集约化利用(贾绍凤 等,1997)。季建林(2001)认为小城镇的发展模式并不利于农业耕地的保护,因为小城镇规模小而分散,土地利用并不节约,是造成耕地减少的重要因素。

尽管城镇化对于耕地的影响还存在争议,但是大部分研究成果认为城镇化将会造成耕地的减少,同时耕地的流失也受其他相关因素的影响,并在不同的空间呈现不同的情况。蔡玉梅等(1998)总结了我国耕地流失的空间变化特征,省级耕地流失主要分布在东南沿海经济发达地区,中西部地区耕地减少较少,甚至还有所增长。

3.3 研究数据

3.3.1 卫星图像遥感解析数据

了解河南省耕地资源状况,分析城镇化对粮食生产所需耕地资源的影响,是该研究的主要目标。因此,我们需要高分辨率、空间清晰的土地利用变化数据。省级统计年鉴上可以获得的土地利用数据的时间和空间的分辨率不足以满足我们的研究需要。此外,中央政府公布的土地利用数据曾被质疑低估了农业用地数量及其流失率。因此,我们使用了来自美国国家航空航天局地球资源卫星并由中国科学院地理科学与资源研究所分析而获得的土地利用数据集。这一全国范围的数据集历经大量的测试和开发,包含了我国1989年、1995年、2000年、2005年和2008年城市和耕地范围的明确空间信息。我们使用的是按不同年份在县域上加总计算后的数据。

3.3.2 统计年鉴数据

1991—2009年的《河南农村统计年鉴》提供了河南省全省和各县年内减少耕地面积的信息。利用这一土地利用数据来源作为对卫星图像解析数据的补充,有助于我们了解河南省耕地资源的连续动态变化过程。由于土地数据统计的滞后性,这一土地利用数据只更新到2008年,之后年份的数据从上述年鉴中尚不可获得。另外,用于计算人均耕地面积的河南省全省和县级人口数据来自1996—2009年的《河南统计年鉴》。

3.4 河南省城镇化对耕地资源的影响

3.4.1 基于卫星图像遥感解析数据的分析

1. 耕地资源数量的动态变化

从我们观察的整个时间范围看,河南省耕地面积从1989年的8 434 220公顷减少到2008年的8 299 832公顷（图3-1）。19年间共减少耕地面积134 388公顷，相当于1989年耕地总量的1.6%。相比于同期耕地减少较快的一些沿海省份，河南省的耕地总量只有小幅度的下降。

从动态变化过程上看，1989—2008年，河南省耕地面积经历了先上升、后下降、再快速减少、最后回稳4个阶段。第一阶段是1989—1995年略有上升阶段，全省耕地面积由1989年的8 434 220公顷增加到1995年的8 470 806公顷，共增加了36 586公顷。在这一时期，河南省作为内陆省份，城市和经济发展相对沿海省份较为缓慢，城市建设用地和农村个人建房用地对耕地虽有占用，但影响不大。同时，这一时期耕地后备资源的开发对耕地流失也起到了一定的补充作用。第二阶段是1995—2000年的回落下降阶段，由1995年的高值回落到2000年的8 444 557公顷，共减少26 249公顷，但是仍然高于1989年水平。第三阶段是2000—2005年的快速减少阶段，由2000年的8 444 557公顷迅速下降至2005年的8 340 003公顷，耕地面积出现了较大幅度的减少，共减少104 554公顷。自1995年起，随着国家西部大开发政策的出台和实施，经济发展的重心从沿海向内陆转移，工业化和城市经济的发展加速了耕地的流失。第四阶段是2005—2008年的回稳阶段，耕地面积虽然略有减少，但是变化幅度较小。这一时期，中央政府更加严格的耕地保护政策的实施和土地行政管理效率的提高明显地遏制了耕地快速减少的趋势。

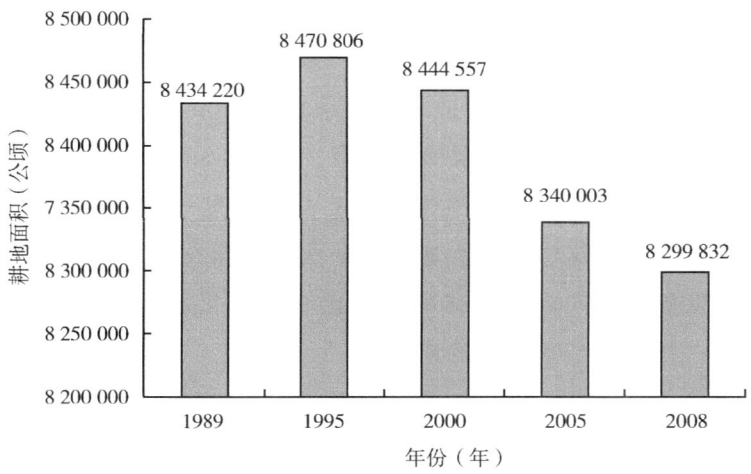

图 3-1　1989—2008 年河南省耕地面积

我们进一步分析了河南省不同地区产粮大县耕地面积的变化情况，希望对河南省耕地资源的动态变化及其对粮食生产的潜在影响有更全面的了解（表 3-1）。我们选取河南省若干个有代表性的产粮大县，包括玉米生产大县（唐河县、安阳县、邓州市）、小麦生产大县（滑县、上蔡县、商水县）、农产品加工强县（新乡县、延津县、新郑市）进行对比研究。数据分析结果显示，除滑县、延津县和新郑市在某些时间段耕地面积出现小幅上升外，其他产粮大县在所观察的全部时间范围内，耕地面积持续减少，这与河南省耕地总量减少的总体趋势是相一致的。值得注意的是，一些产粮大县在 1989—2008 年耕地面积的下降幅度已经超过了河南省耕地总量的下降幅度。比如1989—2008年，新乡县耕地面积减少2 552公顷，相当于该县1989年水平的7.8%；安阳县耕地面积减少3 216公顷，相当于该县1989年水平的26.4%。此外，相当一部分产粮大县，包括唐河县、安阳县、上蔡县、商水县、新乡县、延津县和新郑市，在2000—2005年耕地面积出现了快速减少，与河南省耕地总量在这一时间段的变化特征相一致。这也进一步表明伴随国家层面发展战略的调整，经济发展重心向内陆转移的工业化和城市化进程，可能加速了这一时期河南省耕地的流失。

表 3-1 河南省产粮大县耕地面积　　　单位：公顷

产粮大县	1989年	1995年	2000年	2005年	2008年
玉米生产大县					
唐河县	164 764	163 456	163 122	162 408	162 321
安阳县	12 168	10 919	10 851	9 548	8 952
邓州市	151 106	150 624	150 341	150 242	149 979
小麦生产大县					
滑县	124 121	124 010	123 766	124 065	123 344
上蔡县	95 334	95 196	95 184	95 067	94 827
商水县	82 581	82 314	82 073	81 767	81 640
农产品加工强县					
新乡县	32 578	32 283	32 169	30 265	30 026
延津县	59 017	60 197	60 111	59 345	59 255
新郑市	56 878	57 471	57 778	56 123	55 844

2. 人均耕地面积的动态变化

人均耕地面积的变化取决于耕地面积和人口的变化。1989—2008年河南省总人口持续增长，从1989年的8 491万人增加至2008年的9 918万人，增幅达到16.8%（表3-2）。

表3-2 河南省全省和产粮大县人口　　　　单位：万人

产粮大县	1989年	1995年	2000年	2005年	2008年
河南省	8 491	9 100	9 488	9 768	9 918
玉米生产大县					
唐河县	113.96	124.55	124.55	130.47	132.50
安阳县	101.66	110.4	112.73	92.48	93.81
邓州市	135.89	148.72	150.3	153.61	156.00
小麦生产大县					
滑县	106.58	115.15	120.68	124.38	126.42
上蔡县	115.15	126.26	132.81	137.48	139.89
商水县	97.54	107.38	115.23	118.90	115.22
农产品加工强县					
新乡县	36.95	40.74	42.50	31.70	32.18
延津县	39.67	43.52	46.04	47.06	43.93
新郑市	53.82	58.85	61.41	61.69	62.31

受人口持续增长的影响，在1989—2008年，河南省人均耕地面积呈现出与耕地面积不同的动态变化特征（图3-2）。整体而言，河南省人均耕地面积持续减少，从1989年的0.099公顷/人减少至

2008 年的 0.084 公顷/人，下降幅度为 15.2%。具体而言，在 1989—2000 年，河南省人均耕地面积快速减少，从 1989 年的 0.099 公顷/人下降至 2000 年的 0.089 公顷/人，这一阶段虽然河南省耕地面积有所增加，但是人口的快速增长影响更大，最终导致了人均耕地面积的明显减少。在 2000—2005 年，河南省人均耕地面积延续了之前下降的趋势，从 2000 年的 0.089 公顷/人减少至 2005 年的 0.085 公顷/人，这一阶段人均耕地面积的减少是由耕地总量的快速减少和人口增加两方面因素共同导致的。在 2005—2008 年，河南省人均耕地面积变化逐渐趋于平稳，没有出现明显的减少，与这一阶段耕地面积快速减少受到遏制和人口增长的放缓都有一定关系。

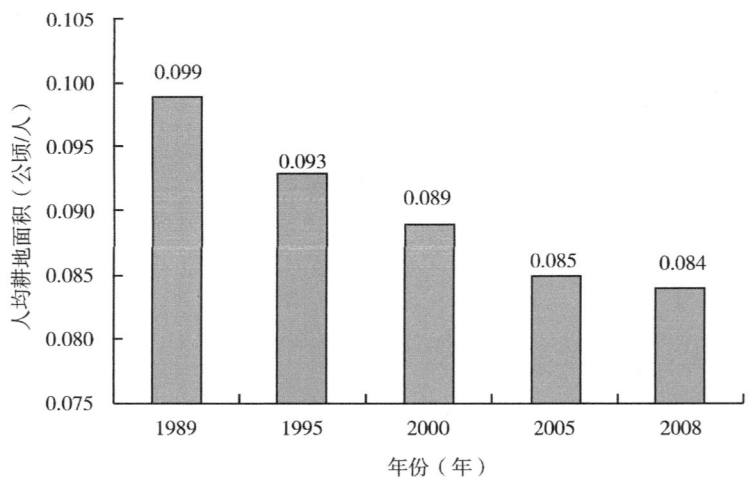

图 3-2 1989—2008 年河南省人均耕地面积

我们利用河南省不同地区产粮大县耕地面积和人口的数据，进一步计算出这些产粮大县人均耕地面积的变化情况（表3-3）。我们关注的产粮大县仍然包括玉米生产大县（唐河县、安阳县、邓州市）、小麦生产大县（滑县、上蔡县、商水县）、农产品加工强县（新乡县、延津县、新郑市）。数据分析结果表明，除安阳县、商水县、新乡县和延津县在某些时间段的人均耕地面积出现小幅上升外，其他产粮大县在所观察的全部时间范围内人均耕地面积持续减少。这与河南省人均耕地面积持续减少的总体趋势是一致的。一些产粮大县在1989—2008年人均耕地面积的下降幅度已经超过了河南省人均耕地面积的下降幅度。如1989—2008年，安阳县人均耕地面积减少0.025公顷/人，相当于该县1989年水平的20.8%；上蔡县人均耕地面积减少0.015公顷/人，相当于该县1989年水平的18.1%。在1989—2008年，只有新乡县人均耕地面积是总体增加的，从1989年的0.088公顷/人增加至2008年的0.093公顷/人。由于在所观察时间范围该县耕地面积是持续下降的，这一总体变化应主要归因于后期该县人口的减少。此外，在所观察的时间范围内，所有产粮大县的人均耕地面积均呈现出前期减少较快、后期减少较慢或有所增加的变化特征。这也与河南省人均耕地面积在不同阶段的动态变化特征相一致。

表3-3 河南省产粮大县人均耕地面积　　　　单位：公顷/人

产粮大县	1989年	1995年	2000年	2005年	2008年
玉米生产大县					
唐河县	0.145	0.131	0.131	0.124	0.123

(续表)

产粮大县	1989 年	1995 年	2000 年	2005 年	2008 年
安阳县	0.120	0.099	0.096	0.103	0.095
邓州市	0.111	0.101	0.100	0.098	0.096
小麦生产大县					
滑县	0.116	0.108	0.103	0.100	0.098
上蔡县	0.083	0.075	0.072	0.069	0.068
商水县	0.085	0.077	0.071	0.069	0.071
农产品加工强县					
新乡县	0.088	0.079	0.076	0.095	0.093
延津县	0.149	0.138	0.131	0.126	0.135
新郑市	0.106	0.098	0.094	0.091	0.090

3. 城市用地面积的动态变化

以我们观察的整个时间范围内看，河南省城市用地面积从1989年的1 424 366公顷增加至2008年的1 628 756公顷（图3-3）。19年间城市用地面积共增加204 390公顷，相当于1989年水平的14.3%。从动态变化过程上看，1989—2008年河南省城市用地面积持续增加。其中，1989—1995年和2000—2005年两个时间段城市用地扩张速度相对较快，1995—2000年和2005—2008年两个时间段城市用地扩张速度相对较慢。许多研究都已表明河南省城市用地的扩张主要依赖耕地的流转，而城市用地扩张也是耕地流失的最主要原因。因此，我们的数据所反映的河南省城市用地面积的变化过程与河南省耕地面积的变化过程相吻合，并且为不同阶段该省耕地面积的变化提供了解释。在1989—1995年，城市用地扩张虽然较快，但是耕地面积还有小幅增加，表明这一时期有林地草地等其他类型土地被转移为耕地，新耕地的开发对耕地流失起到了一定的补充作用。在1995—2000年，城市用地的扩张与耕地面积的减少同时发生。在2000—2005年，城市用地面积快速增加，而耕地面积出现了较大幅度的下降。国家西部大开发政策的深入推行和经济发展重心向内陆的转移，应该加速了这一时期城市经济的发展与城市用地的扩张，也因此加速了耕地的流失。在2005—2008年，城市用地扩张速度减缓，耕地面积减少也趋于平稳，这与该时期中央政府更加严格的耕地保护政策以及土地行政管理效率的提高密切相关。

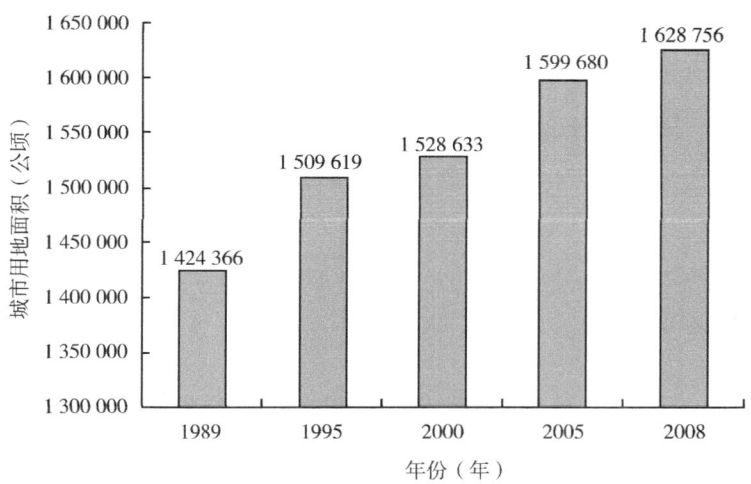

图3-3　1989—2008年河南省城市用地面积

我们进一步分析了河南省不同地区产粮大县城市用地面积的变化情况（表3-4）。我们关注的产粮大县与之前相同。数据分析结果表明，所有产粮大县在所观察的全部时间范围内城市用地面积持续增加。这与河南省城市用地面积持续增加的总体趋势相一致。一些产粮大县在1989—2008年城市用地面积的增加幅度已经超过了河南省城市用地面积的增加幅度。如1989—2008年，安阳县城市用地面积增加3 883公顷，相当于该县1989年水平的61.6%；新乡县城市用地面积增加2 826公顷，相当于该县1989年水平的35.7%；新郑市城市用地面积增加2 340公顷，相当于该县1989年水平的25.9%。此外，基本所有产粮大县城市用地面积的变化都与河南省城市用地面积在不同阶段的动态变化特征相一致。即呈现出1989—1995年和2000—2005年两个时间段城市用地扩张速度较快，1995—2000年和2005—2008年两个时间段城市用地扩张速度较慢的特征。同时，通过前面的分析我们已经发现，相当一部分产粮大县在2000—2005年耕地面积均出现了快速减少。综合以上两方面的信息，我们可以推定国家发展战略的重大调整所产生的城市用地扩张与耕地流失的状况不但体现在区域层面上，也体现在地方层面上。

表3-4 河南省产粮大县城市用地面积　　　　单位：公顷

产粮大县	1989年	1995年	2000年	2005年	2008年
玉米生产大县					
唐河县	25 660	26 062	26 226	26 507	26 586

(续表)

产粮大县	1989年	1995年	2000年	2005年	2008年
安阳县	6 304	8 244	8 732	9 514	10 187
邓州市	24 995	25 715	25 773	25 860	25 955
小麦生产大县					
滑县	14 271	14 811	14 849	14 898	15 582
上蔡县	15 036	15 118	15 163	15 242	15 350
商水县	13 530	13 889	13 970	14 334	14 456
农产品加工强县					
新乡县	7 925	8 284	8 374	9 992	10 751
延津县	10 056	10 380	10 652	11 208	11 294
新郑市	9 049	10 601	10 660	11 298	11 389

3.4.2 基于2001—2008年统计年鉴数据的分析

我们利用1991—2009年的《河南农村统计年鉴》提供的关于河南省全省和各县年内减少耕地面积的信息，进一步考察河南省耕地资源的连续动态变化过程。以我们观察的整个时间范围看，1995—2008年，河南省耕地面积累积减少486 980公顷，相当于1995年河南省耕地总量的5.7%。这一数字明显高于卫星影像数字反映的信息，因为统计年鉴提供的是没有考虑新增耕地的数据，这是耕地直接减少的面积。这一有关直接减少耕地面积的信息，更有助于我们之后对照城市用地扩张的数据，分析城市扩张与耕地流失的内在关系。从动态变化过程上看，1995—2008年，河南省耕地流失数量波动上升，到2002年和2003年达到峰值，之后逐渐回落，并趋于平稳。数据所反映的耕地流失数量的年连续变化情况与卫星影像数据所反映的耕地面积动态变化情况相吻合，特别是 2002 年和 2003 年耕地流失峰值年份正好处于 2000—2005 年耕地面积快速减少阶段。可见，国家西部大开发政策的深入推行和经济发展重心向内陆的转移，加速了耕地的流失。2004 年之后耕地流失数量逐渐回落也与卫星数据所反映的 2005—2008 年耕地面积变化逐渐回稳相吻合。这一发现也再次表明 2005 年前后中央政府更加严格的耕地保护政策的实施和土地行政管理效率的提高明显遏制了河南省耕地的快速流失。

同时，我们还分析了河南省不同地区产粮大县年内减少耕地面积的情况。我们关注的产粮大县与之前相同。数据分析结果显示，各产粮大县耕地流失数量的动态变化过程与全省总体变化情况基本一致（表3-5）。大部分产粮大县耕地流失数量都呈现出先波动上升，2002 年和 2003 年达到峰值，之后逐渐回落趋于平稳的变化特征。值得注意的是一些产粮大县在峰值年份的耕地流失量是其他年份耕地流失量的数倍。如唐河县在 2002 年和 2003 年耕地流失数量分别达到 6 140 公顷和 2 350 公顷；邓州市在 2002 年和 2003 年耕地流失数量分别达到 1 670 公顷和 1 420 公顷；新郑市在 2003 年耕地流失数量达到 2 340 公顷。这些产粮大县 2002 年和 2003 年耕地流失数量的大幅增加，进一步表明伴随国家层面发展战略的调整，经济发展重心向内陆转移的工业化和城市化进程，加速了 2000—2005 年这一时期河南省耕地的流失。

表 3-5 河南省产粮大县年内减少耕地面积 单位：公顷

产粮大县	1995 年	1996 年	1997 年	1998 年	1999 年	2000 年	2001 年
河南省	31 000	45 300	22 900	19 300	23 600	44 600	33 600
玉米生产大县							
唐河县	1 330	770	100	100	50	50	20
安阳县	210	440	20	50	10	20	40
邓州市	170	530	250	70	510	240	210
小麦生产大县							
滑县	280	80	80	30	90	60	150
上蔡县	30	390	280	70	250	920	70
商水县	90	20	30	170	320	990	60
农产品加工强县							
新乡县	310	70	50			10	670
延津县	20	10	10	10	20	40	30
新郑市	510	1 200	520	220	120	160	40
产量大县	2002 年	2003 年	2004 年	2005 年	2006 年	2007 年	2008 年
河南省	79 600	102 200	25 000	17 180	18 200	14 400	10 100
玉米生产大县							
唐河县	6 140	2 350	300	50	50	100	38
安阳县	60	960		100	60	100	55
邓州市	1 670	1 420	40	110	380		63
小麦生产大县							
滑县	10	230	40	1 060	50	100	7
上蔡县	640	70	60	10	10	30	78
商水县	120	70	30	30		10	1
农产品加工强县							
新乡县	70	260	70	50		20	24
延津县	50	320	20	610	670	640	37
新郑市	440	2 340	790	620	300	470	150

1991—2009 年的《河南农村统计年鉴》也提供了有关河南省全省和各县年内国家基建占用耕地面积的信息。以我们观察的整个时间范围来看，1995—2008 年，河南省国家基建占用耕地面积累积达到 124 600 公顷，占河南省累积减少耕地面积的 25.6%（表 3-6）。可见，以国家基建为形式的城市扩张和耕地流转是河南省耕地流失的重要原因。从动态变化过程上看，河南省国家基建占用耕地面积以 2000 年为界，呈现出较为明显的两个阶段。1995—2000 年这一时期每年国家基建占用耕地面积相对较少，而自 2000 年开始，国家基建占用耕地面积迅速增加，大多数年份都达到 10 000 公顷以上。因为国家基建是城市用地扩张的最主要类型，可以看出，从 2000 年起河南省城市建设和城市用地扩张速度都明显加快。这与之前卫星影像数据所反映的河南省城市用地面积的变化特征相一致。2000 年以后国家西部大开发政策的深入推行和经济发展重心向内陆的转移，加速了城市经济的发展与城市用地的扩张，也因此加速了耕地的流失。各县年内国家基建占用耕地面积的数据虽存在缺失，但是，现有信息仍能大致反映出和全省年内基建占用耕地面积一致的变化趋势。

表 3-6 河南省产粮大县年内国家基建占用耕地面积　　单位：公顷

产粮大县	1995 年	1996 年	1997 年	1998 年	1999 年	2000 年	2001 年
河南省	4 500	4 300	3 500	4 100	7 200	12 600	12 100
玉米生产大县							
唐河县	20	20		40	30	50	20
安阳县	170			20	10	10	10
邓州市	10	30		30	240	200	130

(续表)

产粮大县	1995年	1996年	1997年	1998年	1999年	2000年	2001年
小麦生产大县							
滑县					70	50	40
上蔡县	10	20		20		920	40
商水县	20		10			410	60
农产品加工强县							
新乡县	30						
延津县	10			10	10		30
新郑市	10	290	80	10	10		
产量大省	2002年	2003年	2004年	2005年	2006年	2007年	2008年
河南省	6 800	13 700	7 800	9 700	15 800	12 700	9 800
玉米生产大县							
唐河县		20	30	30	50	100	38
安阳县	20	180			60	100	55
邓州市	290	420	40	100	380		61
小麦生产大县							
滑县	10	50	40		50	100	7
上蔡县	500			10	10	30	
商水县		40	30			10	1
农产品加工强县							
新乡县	70	160	70	40			
延津县	50		20	440	670	640	
新郑市	220	1 210	570	570	300	470	100

3.5 结论

2012年河南省城镇化率为42.4%，相对全国平均水平落后近 10 个百分点，但是根据《河南省新型城镇化规划（2021—2035 年）》，2025 年河南省城市化率要达到 63%，这表明河南省在 2012—2025 年将经历快速的城市化和城市发展，也意味着城市用地需求将大规模增加，将影响耕地资源的保护和粮食生产及粮食安全。

通过卫星图像遥感解析数据，可以发现河南省的耕地面积、人均耕地面积和城市用地面积都发生了较大变化，耕地面积出现小幅度下降，人均耕地面积下降明显，而城市用地面积则显著增加。根据统计年鉴的分析结果，河南省的耕地面积减少数量更大，主要是因为统计年鉴数据结果表示的是耕地的直接减少面积，而没有考虑同时期其他土地资源对于耕地资源的补充情况，作为卫星遥感数据的补充，统计年鉴数据更能说明耕地资源的流失情况。对于河南省耕地面积变化的情况，统计年鉴数据的分析结果与根据卫星遥感数据得到的结论基本一致，这也互相印证了数据的可靠性和科学性。

在 1989—2008 年，河南省的耕地面积下降 1.6%，相对沿海省份下降幅度并不大，而且表现为先上升后下降的特点；人均耕地面积则表现为持续下降，主要受人口快速增加的影响；城市用地面积尽管在各个阶段的增速不同，但是保持了持续增长的态势。耕地面积、人均耕地面积和城市用地面积的增长速度在各个阶段发生变化，主要是受经济发展和国家发展战略以及耕地保护政策的影响，特别是受国家西部大开发战略和产业转移的影响，当然国家和河南省严格的耕地保护政策也产生了重要影响。

产粮大县在耕地面积、人均耕地面积和城市用地面积的变化趋势上基本与河南省的平均水平保持一致，但是也表现出一些不同的特点。在耕地面积方面，大部分产粮大县的耕地面积出现持续减少，而且耕地面积下降的幅度远高于河南省的平均水平，安阳县的耕地面积在此期间甚至下降了26.4%。在人均耕地面积变化方面，部分产粮大县的人均耕地面积下降幅度也远大于河南省的平均水平，而有些产粮大县（新乡县）由于人口大规模减少导致出现人均耕地面积上升的迥异状况。这些产粮大县出现的不同情况说明，在城镇化和工业化加速发展阶段，相对于其他地区，城镇化对于产粮大县的耕地流失影响更大，而且城镇化不但会影响产粮地区的耕地面积，也会严重影响产粮地区的农业劳动力，造成农业劳动人员严重减少。

通过对河南省相关情况进行分析发现，随着城镇化的发展耕地面积、人均耕地面积基本呈现下降趋势，城市用地面积表现为上升趋势，这说明城镇化的发展会增加城市数量和扩大城市规模，进而增加城市用地规模，造成耕地资源逐渐向城市用地转变，减少农业耕地面积。特别是在分析产粮大县时，我们发现城镇化对于粮食生产和粮食安全的影响更加严重，相当多的产粮大县随着城镇化和工业化发展，耕地面积出现大规模下降，下降规模远超河南省的平均水平，另外一些产粮大县由于城镇化和工业化的发展竟然造成区域人口大规模减少，进而造成人均耕地面积增加的迥异状况。

国家的相关战略和政策也会对于粮食主产区以及河南省的城

镇化和耕地流转产生巨大的影响。为了推动内陆经济发展，国家制定的西部大开发战略显著地提高了河南省的城镇化和工业化发展水平，也导致了河南省耕地流失加速的情况。同时为了保护耕地，国家和河南省推出的更为严格的耕地保护制度显著地降低了耕地的流失速度，实现了耕地保护的目的。这些政策对于产粮大县的影响也更加显著和突出，也严重影响产粮大县的耕地面积、人均耕地面积、城市用地面积甚至农业从业人员数量。

我们可以得出以下结论：①城镇化对于河南省的耕地流失有重大影响，会造成耕地面积、人均耕地面积的减少，城市用地面积的增加；②城镇化对于产粮大县的影响更加显著和突出，城镇化的迅速发展会显著的影响产粮大县的粮食生产，引发粮食安全问题；③国家的发展战略和国家的产业转移趋势促进了河南省的城镇化和工业化，也造成了河南省耕地流失的加速，同时更加严格的耕地保护政策显著降低耕地流失的速度。

为了达到既确保粮食安全又能促进城镇化发展的双重目标，必须进一步地研究影响耕地减少的机制和影响因素，制定更加科学合理的经济发展政策和耕地保护政策，才能有利于保护耕地资源和维护粮食安全，有助于推进河南省工业化、城镇化和农业现代化"三化"协调发展。

4 模拟河南省城市土地扩张和农业用地流转：遥感和社会经济数据的结合

4.1 概述

自 20 世纪 80 年代经济改革以来，我国经历了快速的城市变迁。这种变迁体现为人口构成的显著变化和城市地表的大规模扩张（Pannell，2002）。城市人口的比重由 1983 年的 22% 增加至 2010 年的 47%。据估计这样的趋势将会持续，预计未来 30 年我国的城市人口将增加 3.75 亿。遥感卫星影像显示，在 20 世纪 90 年代，我国的城市地区增加了将近 25%（Liu et al.，2005）。城市的快速扩张，导致大量农业用地转化为城市用地，造成了显而易见的耕地流失（Seto et al.，2000；Wang et al.，2008）。根据遥感卫星影像测算得到的数据显示，1986—2003 年，我国城市的扩张已经侵占了超过 33.4 万公顷的耕地，占我国总流失耕地面积的 21%（Chen，2007）。在改革开放初期，我国的城市化主要集中在沿海区域。随着西部大开发政策的推行，自 20 世纪 90 年代中叶开始，城市土地扩张在广大内陆地区迅速蔓延。这项由中央政府推行的政策，其目的在于把工业化从沿海地区引向内陆地区，从而推动内地的经济发展（Schneider et al.，2005）。这项政策在推动内陆经济发展的同时也造成了我国中部各省份大量的农业用地流失（Lichtenberg et al., 2008; Yue et al., 2010）。除了由于城市扩张直接导致的农业用地流失，饮食结构的多元化和西方化也为我国的农业用地和农业生产带来了更多的压力（Pingali, 2007）。不断增长的城市、有限的耕地和国内食品需求结构的变化结合在一起，使现有的农业用地面临转化为城市用地的风险，使自然生态系统面临转化为农业用地的风险。因此，加深对于城市扩张与农业用地流失的内在机制与联系的认识，对于缓解城市用地与农业用地利用之间的矛盾，对于实现城市增长和农业用地与自然生态系统保护的双重目标，都是十分关键的。

尽管我国许多地区城市扩张与农业用地流失的规模都很大，关于区域层面的农业用地向城市用地转移的形态和内在过程的研究却十分有限。只有少数人使用系统方法定量地检验农业用地向城市用地的转移，如 Seto 等（2000）利用高精度遥感数据建立社会经济驱动力的计量经济模型估算了关于我国珠三角地区城市土地利用的变化。但是，关于我国城市扩张的大部分研究都集中在探讨单个城市或区域，特别是沿海区域的增长上（Schneider et al., 2005; Cheng et al., 2003; He et al., 2008; Long et al., 2007）。不同于那些关注城市空间范围的研究，我们直接探讨土地流转区域的相关机制，而且重点关注我国中部地区。同时，关于我国农业用地流转的大部分研究都集中于研究农业土地利用变化的时空动态过程（Deng et al., 2006; Tan et al., 2005）。对导致土地利用变化的过程和社会经济环境缺乏清晰的分析和解释（Wan, 2012; Xie et al., 2005）。因此，我们的研究有助于加强

模拟河南省城市土地扩张和农业用地流转：遥感和社会经济数据的结合

人们对我国农地变化机制的理解。此外，我们的研究也考虑到土地租赁市场合法化和我国城市发展日益分散化特征，因为这些城市化新趋势以及地方层面上的社会经济因素和政策因素，对城市扩张的大小和过程都有着根本性的影响。因此，将地方社会经济因素包含进来，检验这些因素对县级层面上农业用地向城市用地转移的影响，可以更好地检验地方土地利用管理和规划的有效性。

我们的研究检验了导致河南省县级层面上农业用地向城市用地转移的社会经济因素的相对重要性。我们提出并利用面板计量经济方法解答以下问题：哪些社会经济因素和政策导致了河南省县级层面上农业用地向城市用地的转移？这些因素的相对重要性如何？竞租模型中的关键经济因素对于农业用地向城市用地转移的影响是什么？非农就业工资对于农业用地向城市用地转移的影响是什么？农业财政支持对于农业用地向城市用地转移的影响是什么？我们的研究旨在激发更多的关于城市扩张内在过程的思考，并为土地利用的有效性和可持续性提供政策启示。

4.2 研究区域

位于我国中部的河南省是我国人口大省和农业大省，流经河南省的黄河是世界上泥沙沉积量最高的河流（Xu，2002）。河南具有半湿润到湿润型大陆气候，受广泛的季风影响，冬季一般寒冷而干燥，夏季则温暖甚至炎热。年平均气温范围 12~16℃。年平均降水量 500~900 毫米，而且 50% 的降水以强降雨的形式集中在夏季。小麦和水稻的生长期从3月延续至10月末。这意味着只要第二轮作物被按时播种,二熟制就是可能的。蔬菜可以全年种植。

河南省是2003年中央政府颁布的13个粮食主产区之一,而且是第一个颁布的粮食主产区。2014年,河南省粮食产量达到5 750万吨,占全国粮食总产量的9.5%。在过去的几十年中,河南省经历了快速的城市化和经济增长。城市人口的比例从1980年的14%上升到2013年的43.8%。这导致了耕地数量的下降和农业部门劳动力的减少。根据中国科学院提供的土地利用数据集的计算结果,1989—2010年,河南省的城市用地面积增加了223 713公顷,相当于1989年城市用地面积的15.7%。在同一时期,河南省耕地面积减少了161 169公顷,相当于1989年耕地数量的1.9%。城市的不断增长、有限的耕地数量、巨大的人口压力和不可持续的农业耕作方式结合在一起,导致了河南省严重的环境退化。如何平衡城市增长与农业用地利用和保护之间的压力,并改善土地利用的可持续性成为一个真正的挑战。

4.3 关于城市用地利用变化的文献综述

城市用地利用变化的文献提供了关于导致城市区域扩张的主要因素及相关解释。我们利用两类理论来指导关于城市土地扩张和农业土地流转的研究:一类是土地利用变化的微观经济理论(Bockstael, 1996; Rosenthal et al., 1994),另一类是城市竞租模型（Beckmann，1969）。

土地利用变化的微观经济理论将农业用地的城市开发描述为单个土地使用者分散化决策的结果，这些土地使用者希望最大化单个地块的预期利润。以微观经济理论为基础的土地利用模型是用于理解个体间土地利用决策的时空动态变化的强大工具。但是，这一理论没有提供关于土地利用变化积累总量的信息（Verburg，2004）。另外，因为与宏观环境缺乏联系，这些土地利用模型无法将那些外生于单个土地使用者所处微观环境的制度和社会经济因素考虑进去。

城市竞租模型是城市经济理论的基础。它解释了城市土地利用变化的累积结果。经典的竞租模型从理论上把到城市中心的距离定义为地租和不同土地利用类型空间分布的唯一决定因素。扩展的竞租模型，是在经典竞租模型的基础上增加了收入（Barlowe，1978）和交通（White，1988），以及诸如土地质量、气候和自然资源禀赋等空间异质性（Moses et al.，1967）的影响。为了更好地理解和解释城市空间规模的变化（Brueckner et al.，1983；McGrath，2005）、工业化和城市扩张（Deng et al.，2010），以及城市化与农业和自然土地植被的转换（Seto et al.，2000），人们在竞租模型的指导下，开发了非空间土地利用模型，并将其应用于实证研究。依据美国的实证研究成果，Brueckner等（1983）发现，竞租模型识别的基本因素比如人口、收入、交通费用和农业土地租金等，对于决定城市空间规模是极为重要的。McGrath（2005）强化了上述观点，并且发现一些在竞租模型之外的未知因素也会导致城市土地的扩张。这些未知因素的存在表明，竞租模型只能从某种程度上解释城市区域的增长。

从20世纪80年代末开始，中央政府采取了一种谨慎和渐进式的方法来推动土地市场改革。尽管土地使用权交易系统已经建立，土地价格开始促使土地的分配和利用合理化，国家通过对第一层级土地市场的垄断，仍然对土地供给保持严格的控制（Ding，2003）。由于土地租赁市场不成熟，所以我们有更多的理由相信竞租模型的解释能力是有限的。相关研究者突出了政策干预和宏观经济环境变化对我国城市土地利用变化的作用，其中包括外商直接投资和非农工资的重要性（Seto et al.，2000）、户籍制度的放松（Shen et al.，2002）、政府管理的分散化和地方代理人的逐利行为（Wang et al.，2008）。在农村政策方面尤为显著的是中央政府持续地增加了分配到农业部门的资金和投资，用以提高农业生产率（Deng et al.，2008）。另外，还存在明显的政策转变，即从2004年前征收农业税到之后开始免征农业税并补贴粮食种植（Heerink，2006）。由于流动性限制的放松和对农户土地利用选择的影响，农业土地转移可能已经受到了这些农村政策干预的影响。

4.4 土地利用和社会经济数据来源

为了从区域尺度上研究驱动城市扩张和农业用地流转的内在因素和变化过程，高分辨率和空间清晰的土地利用变化数据是必需的。省级统计年鉴上加总后的土地利用数据缺乏我们研究所需

4
模拟河南省城市土地扩张和农业用地流转：遥感和社会经济数据的结合

要的足够高的时空分辨率。另外，中央政府出版的土地利用数据一直被质疑低估了农业用地的数量和它消失的速度（Seto et al., 2000）。

因此，我们利用了一个从美国国家航空航天局地球资源卫星获取，经由中国科学院分析得到的土地利用数据集（Liu et al., 2002）。这一全国范围内的数据集，经历了广泛的开发和测试，包含了关于 1995 年、2000 年、2005 年和 2010 年的城市用地与耕地的高分辨率和空间清晰的信息。利用这些年份的数据作为基准，我们进而计算出 1995—2000 年、2000—2005 年和 2005—2010 年，由于向城市用地转移造成的耕地数量的流失。我们获得了一个关于河南省 108 个县的耕地面积、城市用地面积和土地转移面积的土地利用数据集。

我们假设，农业用地向城市用地的转移是由竞租模型中关于城市范围的两种关键决定因素（地租和收入）和实证研究中记载的其他重要社会经济因素（非农工资和农业财政支持）的作用所导致的。除上述土地利用数据以外，我们还使用了包括各县总体和部门的 GDP、各县总人口、各县平均城市职工工资、各县政府用于支持农业生产和运营的支出在内的社会经济等数据，作为检验上述假设的变量。这里的所有数据都是从《河南统计年鉴》中收集的。

我们选择了一组生物物理变量，用来控制空间上的地理异质性。我们使用了第二个数据来源，用以检验包括相对位置、地形条件和气候特征在内的生物物理因素如何影响城市扩张和耕地流转。各县城到省会的距离和各县城到最近的高速公路的距离是由邓祥征等利用中国科学院数据中心的数据计算获得的（Deng et al.，2010）。反映地形属性的数据是由中国科学院中国数字高程模型数据集生成的。气候数据是邓祥征等利用中国气象局站点观测数值生成（Deng et al.，2010）。我们也把这一生物物理数据集和河南省县域列表对接到一起。

4.5 实证模型和变量定义

我们以城市土地利用变化的文献为指导，来选择变量和构建跨越三期的关于108个县的农业用地向城市用地转移面积的面板计量经济模型。在这个面板计量经济模型中，我们的因变量是 ConvertedLand，即在3个时间段（1995—2000年、2000—2005年和2005—2010年）某个县耕地转移为城市用地的数量（表4-1）。城市竞租模型认为地租和收入是城市范围的重要决定因素。与此同时，实证研究表明，非农工资和农业财政支持是驱动我国城市扩张和农业用地流转的重要因素。结合以上两种论点，我们选取了县级层面的4个社会经济因素来构建模型。

表 4-1　变量描述

变量	描述
因变量	
ConvertedLand	一个县在1995—2000年、2000—2005年和2005—2010年期间农业用地转化为城市用地的面积（公顷）

(续表)

变量	描述
自变量	
LandRentRatio	农业部门 GDP/农业用地面积 工业和服务业部门 GDP/城市用地面积
UrbWage	平均城市职工工资（千元）
GDPpct	人均 GDP（千元）
AgExp	人均政府支持农业生产和运营的支出（元）
DistPvcap	县城到省会的距离（千米）
DistHighw	县城到最近高速公路的距离（千米）
PlainRatio	平均坡度小于 8° 的土地比例
Elevation	平均海拔（千米）
Sun	年平均日照时数（小时）
Humudity	年平均相对湿度（%）

我们希望把 *ConvertedLand* 的变化解释为一个关于地租、收入、非农工资、农业财政支持和一组环境条件的函数。*LandRentRatio* 被定义为一个县某一年（1995 年、2000 年或 2005 年）农业地租和城市地租的比例。耕地向城市用地的转移受各种土地利用类型的地租和地价的影响。因为缺少关于河南省县级土地租金的一致信息，我们利用农业部门 GDP 除以耕地面积作为农业用地地租的代理变量，利用工业部门和服务业部门 GDP 除以城市用地面积作为城市用地地租的代理变量（Seto et al., 2000）。*UrbWage* 是一个县某一年（1995 年、2000 年或 2005 年）的平均城市职工工资。高城市工资，表明更多的非农就业机会，预计会增加农业耕种的机会成本，并导致农业部门的劳动力稀缺

（Conelly，1994）。*GDPpct* 是一个县某一年（1995 年、2000 年或 2005 年）的人均 GDP，被用于作为一个县的收入水平的指标。*AgExp* 代表一个县某一年（1995 年、2000 年或 2005 年）人均政府支持农业生产和运营的支出。来自国家和省级政府并被分配到县级层面的农业投资和资金的目的在于提高农业生产率和促进农村经济发展以及农田保护。我们利用这个变量来检验农业政策干预对农业用地转移为城市用地的作用。

因为空间异质性和环境条件影响着城市增长，我们定义和使用了一组生物物理变量来控制空间中的异质性。特别需要说明的是，*DistPvcap* 表示县城到省会的距离，而 *DistHighw* 表示县城到最近高速公路的距离，这两个变量在一起，提供了关于一个县的相对位置信息，而且它们不随时间变化。*PlainRatio* 是一个县平均坡度小于 $8°$ 的土地比例，*Elevation* 是一个县的平均海拔，这两个不随时间变化的变量衡量的是一个县的平均地形条件或者城市建设的适宜性。最后，*Sun* 是一个县某一年（1995 年、2000 年或 2005 年）的年平均日照时数，而 *Humidity* 是年平均相对湿度，这两个随时间变化的变量被包含进来作为气候特征的控制变量。

表 4-2 显示的是模型中使用的所有变量的描述统计。在我们研究的整个时间范围内，河南省农业用地转移为城市用地的数量，从 1995—2000 年的 37 734 公顷平稳增加至 2000—2005 年的 38 122 公顷，然后增加至 2005—2010 年的 39 270 公顷。在 1995—2005 年，由于城市地租的上升和农业用地地租的下降，地租比从 0.12 急剧下降至 0.08。在同一时期，按照 1995 年的价

格水平,平均城市工资从 3 395元增加至 8 491元;而人均 GDP 增加了几乎 3 倍,从 2 876元增加至 8 573元;人均政府支持农业生产和运营的支出大幅增加,按照 1995 年的价格水平,从 1995 年的 9.30 元增加至 2005 年的 49.39 元。

表 4-2 研究中所使用变量的描述统计

变量	观测量	均值	标准差	最大值	最小值
$ConvertedLand$	324	355.33	149.92	780.35	85.59
$LandRentRatio$	324	0.099	0.056	0.29	0.0029
$UrbWage$	324	5.61	2.39	15.30	2.38
$GDPpct$	324	3.84	4.79	25.23	1.33
$AgExp$	324	24.99	25.60	208.67	3.02
$DistPvcap$	324	144.47	60.74	275.09	30.30
$DistHighw$	324	88.64	62.54	220.01	6.43
$PlainRatio$	324	0.66	0.36	1.00	0.012
$Elevation$	324	0.20	0.23	1.11	0.034
Sun	324	5.58	0.58	7.13	4.20
$Humudity$	324	67.89	4.30	75.38	57.38

关于农业用地向城市用地转移的数量与其社会经济和生物物理等决定因素的关系,可以用最简单的线性面板计量经济模型表示为:

$$\log(ConvertedLand)_{it} = X_{it}\beta + u_{it} \quad (式1)$$

这里的 $\log(ConvertedLand)_{it}$ 是第 i 个县在 t 年农业用地转移为城市用地的对数形式。X 是一组解释变量矩阵。β 是一组待估计的回归系数。u 是一个均值为 0 的随机扰动项。这个标准的线性化模型假设 β 对于所有的县和所有的时期都是相同的。接着,我们在模型测算结果的基础上,应用个体效应的拉格朗日乘数检验(Breusch,1980)。我们拒绝了个体间方差是零的原假设(Chisq = 231.18, df = 1, P<0.000 01)。由于已有县域间存在显著差异的证据,所以,需要在模型中考虑个体效应,以便捕捉不同县的异质性。如果不加以控制,这些异质性可能会导致系数估计的偏差。

我们可以通过建立固定效应模型或随机效应模型来控制空间异质性,以及与单个县相关的、稳定的、不可观测的特征(Hausman,1978)。假设等式(1)中的随机扰动项具有两个独立的部分,这一模型可以被描述为:

$$\log(ConvertedLand)_{it} = X_{it}\beta + u_i + \varepsilon_{it} \qquad (式2)$$

这里的 u 是每一个县特定的个体误差项,而 ε 是假设独立于回归项和个体误差项的特异性误差。等式(2)在固定和随机效应定义之间的选择依赖于个体误差项的性质。如果 u 与回归项相关,u 被处理为一组固定的常数,通过固定效应模型来获得一致的估计。固定效应模型的一个缺点在于它无法估计不随时间变化的系数。而当 u 与回归项不相关时,可以选择使用随机效应模型。这种模型假设 u 是从一个均值为 0、方差为 σ_μ^2 的正态分布中抽取。在我们的研究中,我们同时建立和分析了固定效应模型和随机效应模型,然后利用霍斯曼(Hausman)检验来比较它们的估值结果。

4.6 关于农业用地向城市用地转移的模型估计结果

我们使用了方程(2)所定义的固定效应模型和随机效应模

型,估计了关于 108 个县跨越 3 期的农业用地转移为城市用地的数量。估计结果显示,在两个模型中所有的解释变量都和农业用地向城市用地的转移显著相关(表 4-3)。另外,通过对固定效应模型和随机效应模型的比较,我们发现,所有社会经济决定因素的系数估计都具有一致的符号,而且它们的数值大小差异非常小。但是,霍斯曼检验的结果($P<0.0001$)拒绝了两种模型不存在显著差别的原假设。这表明,固定效应模型是更为合适的模型设定,这种模型设定即使在个体误差项和回归项存在相关的情况下也可以给出一致的结论。所以,我们使用固定效应模型来说明每一个社会经济变量的影响。

表 4-3 关于农业用地向城市用地的转移的面板计量经济模型结果

变量	因变量:log($ConvertedLand$)	
	固定效应模型	随机效应模型
截距项		7.298*** (14.93)
$LandRentRatio$	-0.115* (-1.67)	-0.153** (-1.99)
log($UrbWage$)	0.033** (1.98)	0.037** (2.03)
log($GDPpct$)	0.023** (2.20)	0.020* (1.73)
log($AgExp$)	-0.015** (-2.25)	-0.015** (-2.12)
log(Sun)	-0.108*** (-2.78)	-0.123*** (-2.88)
log($Humidity$)	-0.266*** (-5.08)	-0.272*** (-4.76)
log($DistPvcap$)		-0.299*** (-2.61)
log($DistHighw$)		-0.260*** (-4.27)
$PlainRatio$		0.545*** (3.15)
log($Elevation$)		-0.202*** (-3.03)

(续表)

变量	因变量：log（*ConvertedLand*）	
	固定效应模型	随机效应模型
观测量	324	324
R^2	0.52	0.42

注：括号中为 t 统计量。

* $P<0.1$。
** $P<0.05$。
*** $P<0.01$。

LandRentRatio 是关于一个县农业用地地租与城市用地地租比率的代理变量，与农业用地向城市用地的转移负相关。这表明如果农业用地的农业利用回报率相对高的话，农业用地转移为城市用地就会变得没那么吸引人了。

LandRentRatio 是城市竞租模型识别出的关键经济因素之一。它的估值效应与理论预测结果相一致。根据理论预测，相对于农业用地利用而言，城市用地利用的地租比较高，这是导致农业用地向城市用地转移的根本原因。但是，考虑到我国的土地租赁市场还远没有成熟，而且我们使用的指示变量只能粗略地捕捉关于地租的信息，对于这一解释应该保持谨慎的态度。

log（*UrbWage*）是一个县城市职工的平均工资，与农业用地向城市用地的转移正相关。这是合理的，因为当非农业部门的工资增加时，农业耕种的机会成本增加，这将导致农业劳动力稀缺和农业用地抛荒，以及农业用地转移为非农业使用的更高风险。这一结果与已有的研究结果相一致。相关研究认为，城市化与增加的非农就业机会驱动了农业用地抛荒，并增加了我国农业用地的流动性（Xie et al., 2014；Deininger et al., 2005）。

和预测的一样，log（*GDPpct*）对于农业用地向城市用地的转移具有正向的影响。这意味着人均 GDP 更高的县更易于因城市化而发生农业用地流失。人均 GDP 也是衡量收入水平的一个指标。这一结果表明，收入的增长很大程度上由城市经济发展来驱动，反过来，收入增长可以刺激同一区域的城市发展和农业用地的转移。区域层面上，在收入增长、城市发展和农业用地的转移之间，可能存在着某种程度的动态性和交互性作用。

log（*AgExp*）对于农业用地向城市用地的转移具有负向的影响。以农业投资、资金和补贴为形式的农业财政支持的目标是提高农业生产率和保持农业用地用于农业生产。我们的结果表明该政策是成功的，即农业财政支持减少了县级层面上的农业用地转移。这是合理的，因为流动性约束和资金的可获得性对于农业生产的资本投入十分重要（Yi et al., 2016）。如果从政府那里获得更多的财政支持和补贴，农民会更有能力提高资本投入水平，并提高农业生产率。农业生产率的增加提高了农业土地的回报率，使土地向城市利用类型的转移变得没那么有吸引力。这一结果意味着旨在补贴农业生产的政策对于提高农业生产率和降低土地流转速率具有很大的潜力。这一作用对于农业耕作的机会成本不如沿海区域那么高的中部省份更为明显。我们模型识别出的政策的成功，与我国中部和西部地区的大多数案例研究显示的实证证据相一致，但是与我国东部地区的案例研究结果不一致，东部地区的农业投资导致了农业用地的转移。

除了社会经济变量，固定效应模型的结果还提供了两个随时间变化的生物物理变量的系数估计。log（Sun）和 log（$Humidity$）都与农业用地向城市用地的转移负相关，而且它们的系数估计都是显著的。因为环境条件制约着土地的使用，具有良好气候特征的地区一般对于城市发展更具吸引力。投资者和房地产开发商在决定在哪儿分配他们的投资时通常会考虑环境的舒适度。我们估计，具有较少日照和较低相对湿度的县将经历更多的耕地向城市用地的转移。在随机效应模型中，我们选择了一组不随时间变化的生物物理变量。log（$DistPvcap$）和 log（$DistHighw$）都与城市用地向农业用地的转移负相关。这一结果显示与省会更近和与高速公路更近的县更倾向于经历由于城市扩张所致的农业用地流失。与省会的临近程度通常与许多区位优势相关，如好的交通和基础设施、更好的市场可获得性和更好的劳动力市场。这些区位优势对于城市发展都是十分重要的。与高速公路的临近度则意味着好的交通，这也影响着城市发展的决策。$PlainRatio$ 与耕地转移的数量正相关，而 log（$Elevation$）与耕地转移的数量负相关。这一结果表明具有相对较低和较平坦的地形条件的县倾向于经历更多的农业用地向城市用地的转移。这与我们的预期相一致。我们预期，好的地形条件有利于土地开发和城市建设。

我们进一步分析了估值结果，希望获得关于决定农业用地向城市用地转移的所有社会经济变量重要性的本质和排序的信息。关于城市空间范围的决定因素的研究使用了两种方法：根据弹性将各因素的重要性排序（McGrath，2005）和因素分解分析（Deng et al.，2008）。

  弹性代表着边际效应的衡量。使用弹性作为因素相对重要性的指标可能导致错误判断，因为即使 Y 相对于 X 的弹性较大，如果 X 在 Y 发生变化所测度的时间范围内变化很小，X 可能与 Y 变化的相关性仍然很小。因此，我们采用因素分解分析方法，同时考虑了边际效应和解释变量变化的大小。根据固定效应模型的估值，并采用因素分解分析，结果显示了 4 个社会经济变量对于农业用地向城市用地转移的相对重要性（表 4-4）。地租比率、城市工资和人均 GDP 相对应的总效应，包含了每一个解释变量的边际效应和该解释变量的变化大小。我们发现它们的总效应都是正的。在这 3 个变量中，城市工资是最重要的因素，它导致了 59.8% 的农业用地转移的变化量。在没有其他因素参与的情况下，城市工资增长 150%，被转移的土地面积可能增加 4.9%。人均 GDP 显示出较小但是仍然重要的影响，解释了 56.1% 的农业用地转移的变化量，而地租比率的总的影响很小。农业财政支持的总效应是负向和重要的。这表明农业财政支持很大程度上导致了农业用地转移的减少。在没有其他因素参与的情况下，农业财政支持增长 431%，被转移的土地面积可能减少 6.4%。因此，对于农业用地向城市用地的转移来说，城市工资被识别为最有影响力的正向因素，农业财政支持被识别为最有影响力的负向因素。

表 4-4　1995—2005 年关于土地转移面积的社会经济决定因素的因素分解分析

变量	（a）估计系数	（b）变量的百分比变化	（c）对于土地转移面积的影响	（d）总贡献
LandRentRatio	−0.115	−0.035	0.004	0.049
UrbWage	0.033	1.50	0.049	0.598
GDPpct	0.023	1.98	0.046	0.561
AgExp	−0.015	4.31	−0.064	−0.780
ConvertedLand		0.082		1

注：a 栏代表的是根据固定效应模型得出的各变量的系数估计。b 栏代表的是 1995—2005 年各变量均值的百分比变化（*LandRentRatio* 计算的是比率的直接变化量）。让各变量的 a 栏和 b 栏相乘得到 c 栏。各变量对于土地转移面积的变化的总贡献显示在 d 栏中，是由 c 栏里的各元素除以 *ConvertedLand* 的百分比变化（0.082）得到的。

4.7　关于模型结果和土地利用可持续性的讨论

在这一章中，我们使用了面板计量经济模型来检验在县级层面上驱动我国中部产粮大省河南省农业用地向城市用地转移的社会经济变量和政策变量。我们的结果显示，城市用地地租和城市工资都是导致农业用地转移的重要因素。我们还发现，人均 GDP 与更多的城市开发和农业用地流失相关。与预期相一致的是农业财政支持与农业用地的转移负相关，这意味财政政策是成功的。最后，因素分解分析说明，对于影响农业用地向城市用地的转移来说，城市工资是最具影响力的正向因素，而农业财政支持是最具影响力的负向因素。

面板计量经济模型使我们可以考虑城市发展的分散化趋势,并检验各县域间城市用地地租和其他社会经济因素的差异。我们的结果显示,地区社会经济因素在决定城市扩张上产生了根本的影响。这些因素也是直接致使可观察的城市土地利用变化的临近驱动因素。另外,我们的研究对于控制未来城市扩张和农业用地流失,特别是农业耕作的机会成本不如沿海区域高的中部省份,提供了启示。地租比率的负效应表明如果农业土地利用的回报较高,土地流转为城市利用类型就可能没有那么合意。农业财政支持的负效应表明,旨在提高农业土地回报的农业财政支持,对于减缓土地流转具有很大潜力。

我们的研究对土地利用的可持续性提供了重要的启示。一方面,作为我国农业大省和 13 个粮食主产区之一,河南省对于稳定粮食供给和确保国家的粮食安全发挥了关键作用。保护河南省的农业用地对于保持该省的农业生产能力是非常重要的。由于北方省份土地和天气状况相对比较差,因此,需要北方省份开垦的更多土地来抵消河南省农业用地流失损失的生产能力。这也意味着河南省和其他粮食主产区的农业用地保护也减少了对于我国自然土地资源的压力。另一方面,河南省的城市增长速率可能在未来加快。2013 年,河南省的城市人口比例是 43.8%,比同年全国水平 53.7%低很多。来自世界其他地区的例子显示土地流转对于城市化和经济发展是必需的(Ramankutty et al.,2002)。我们预计,中原地区的快速城市化和城市土地扩张会对国家的农业用地和自然土地资源产生持续的压力。

为了实现城市增长和农田与自然生态系统保护的双重目标，有效的土地利用管理是非常重要的。将城市规划包括到农田保护政策的制定中实施有效的综合土地利用管理，可以提高整体土地利用效率，并缓解城市增长和农田保护之间的压力。此外，单产提高技术的发展，农业基础设施和制度方面的投资，以及对于关键资本的投入，比如化肥和农业机械的补贴，可以增加集约化耕种的经济回报，对于保持农业土地利用集约度是非常重要的。农业集约化发展可以减少自然生态系统向农业用地转移的需求，从而防止土地资源的过度开发。

4.8 结论

河南省作为我国的农业大省和人口大省，是第一个获中央政府颁布的粮食主产区。在改革开放之后，河南省城镇化水平快速提高，城市人口从1980年的14%增长到2017年的50.16%，导致了耕地数量的下降和农业劳动人口的大量减少。河南省的粮食生产在全国具有非常重要的地位，而河南省在未来又会面临快速的城镇化，在不断增长的城市、巨大的人口压力和不可持续的农业耕作方式的作用下，河南省的耕地保护以及粮食生产将遇到巨大的挑战，因此，研究影响城市用地扩张和农业用地流转的影响因素和内在机制具有重大的价值和意义。

根据相关的理论研究成果，可以指导研究开展的相关理论有两类,一类是土地利用变化的微观经济理论,另一类是城市竞租理论。土地利用变化的微观经济理论就在把农业用地的城市开发描述为单个土地使用者分散决策的结果,土地使用者最大化单个地块的预期收益。城市竞租模型把到城市中心的距离定义为地租和不同土地利用类型空间分布的唯一决定因素,解释了城市土地利用变化的累积结果。由于经典的城市竞租模型的解释能力无法适应复杂的土地利用情况,出现了扩展的竞租模型和非空间的土地利用模型。

同时由于我国土地市场存在一些显著的特点,如国家垄断一级市场的土地开发,严格控制土地的供给,造成土地租赁市场并不成熟。为了更好地理解城市用地扩张和农业用地流转也必须考虑宏观经济环境、政策干预以及政府对于农业部门的支持等因素。

在上述两个理论的指导下,并充分考虑我国土地市场的特点,研究的目标被确定为农业用地转化为城市用地的面积($ConvertedLand$),解释变量为城市地租和农业地租的比率($LandRentRatio$)、平均城市职工工资($UrbWage$)、人均GDP($GDPpct$)、人均政府农业支出($AgExp$)4个社会经济变量,还有6个生物物理变量:县城到省会的距离($DistPvcap$)、县城到高速公路的距离($DistHighw$)、平均坡度小于8°土地比例($PlainRatio$)、平均海拔($Elevation$)、平均日照时数(Sun)和年平均相对湿度($Humudity$)。

因为农业用地转化为城市用地的面积被假设为一个关于地

租、收入、非农工资、农业财政支持和环境条件的函数,所以构造线性面板计量经济模型,并进行实证分析。实证结果基本上符合理论预测的结果,无论是社会经济变量还是生物物理变量都与理论预测结果基本相一致,社会经济变量的结果是城市地租与农业地租的比率越大,对于农业用地向城市用地转化的促进力越强;县域人均收入水平越高,农业用地越容易向城市用地转化;政府对于农业的财政资金支持越多,农业用地越不容易向城市用地转化。生物物理变量的结果为光照较少和湿度较小的县更容易发生农业用地向城市用地转化;距离省会和高速公路越近的区域越容易发生农业用地向城市用地转化;地势越低,地形越平坦越有利于农业用地向城市用地转化。而且通过因素分解分析发现,4个社会经济因素中,城市工资、人均GDP和政府农业财政支出的影响比较重要,而且对于影响农业用地向城市用地的转移来说,城市工资是最具影响力的正向因素,农业财政支持是最具影响力的负向因素,人均GDP也具有较大的正向影响,而城市地租与农业地租的比率的影响则相对较小。

根据实证研究可以得出以下结论:①政府财政加强对于农业部门的补贴有助于耕地保护,而且目前来看政府的农业财政补贴政策是成功和合意的;②提高农业部门的收入水平有助于保护耕地,减缓耕地流失的压力;③加强对于河南省的耕地保护,不但有利于确保粮食安全,也将减弱对其他生态环境脆弱省份的生态环境压力;④河南省在未来将面临快速的城镇化,将会加剧河南省的耕地流失，也会对国家的农业用地和自然土地资源产生持续的压力；⑤制定有效的农田保护政策，加强农业基础设施和制度方面的投资，积极开发单产提高技术，有助于实现城市增长和农田与自然生态系统保护的双重目标。

5 河南省城市化与农业生产中化肥使用强度变化的研究

5.1 概述

自 20 世纪 80 年代改革开放以来,我国经历了快速的城市增长。这一城市化进程导致了城市用地面积的大规模扩张和耕地的大量流失(Wang et al., 2012;Lichtenberg et al., 2008)。遥感卫星影像显示,20 世纪 90 年代我国的城市地表增加了将近 25%(Liu et al., 2005)。尽管在改革开放初期城市化主要集中在沿海地区,但是,随着西部大开发政策的实施,自 20 世纪 90 年代中叶开始,城市土地扩张在广大的内陆地区快速推进。由中央政府推行的、具有倾斜性的西部大开发政策,其目标在于引导工业化和经济发展从沿海地区向内陆地区转移(Schneider et al., 2005)。此外,我国从 1999 年开始实施退耕还林政策,这在很大程度上也导致了 21 世纪初期耕地面积的加速下降(Qu et al., 2011)。

农业用地转移和农业用地利用集约度都会影响食品生产(Long et al., 2010;Jiang et al., 2012)。由于农业用地转移对于城市化和经济发展是必然的(Ramankutty et al., 2002),随着城市化和经济发展,农业用地减少的趋势不可阻挡,所以农业用地的集约利用对维持一个国家的食品生产能力就显得尤为重要。与此同时，伴随着城市化和经济发展，非农就业机会不断地吸收农业劳动力，造成农业部门的劳动力短缺。此外，尽管我国的粮食自给自足政策对农民选择种粮的决策有一定影响，但是由粮食作物种植转向非粮食作物种植的倾斜现象在许多地区都有记载。农业用地减少、农村青壮劳动力转移、农民种粮积极性下降，对我国维持农业用地利用集约度和保证食品供给安全都带来了更多的挑战。

提高农业用地利用集约度和单位面积产量的一种主要途径是增加投入水平。在我国，农业生产的总投入主要包括资本投入和劳动力投入，而化肥投入是总资本投入的最大组成部分（Chen et al., 2009）。在过去几十年里，化肥的使用对保障我国的粮食安全发挥了重要作用。自20世纪70年代起，我国的化肥消费迅猛增加，我国现在已经成为世界上最大的合成氮肥生产者和消费者，占2005年世界总消费量的31%（Kahrl et al., 2010）。但是，化肥使用量增加同时也导致了一系列环境问题，包括温室气体排放、水传播性污染、土壤和水质退化，以及生态多样性和生态系统服务的流失（Tilman et al., 2002; Heimann et al., 2015）。鉴于化肥使用在农业生产中的重要地位和可能导致的大量环境后果，化肥使用强度成为衡量我国农业用地利用集约度的一项重要指标（Chen et al., 2009; Li et al., 2003）。有效的土地利用管理和规划可以平衡城市增长和农业用地利用与生产之间的压力，理解城市化如何影响化肥使用强度，对于实现这一平衡目标非常重要。另外，这一研究有助于我们更好地评价农业集约化发展的环境影响，并促进化肥使用效率的提高和土地的可持续性利用。

有关城市化与化肥使用强度之间联系的研究非常有限。只有少量文献探究了我国农业用地利用集约度的变化，其中大多数文献利用包括化肥使用强度在内的不同指标着重研究农业土地利用集约度的时间变化和地区差异（Chen et al., 2009；Li et al., 2003；刘成武等，2006；朱会义 等，2007）。但是，这些研究中，关于导致土地利用集约度变化及其变化的社会经济环境影响的解释是极少的，并且这些解释也基本上是描述性的（Chen et al., 2009；朱会义 等，2007）。有一些例外存在，如 Smith 等（2015）创新性地综合分析了导致我国化肥过度使用的一系列复杂和相关的因素。Shi 等（2011）利用混合"家庭—村庄" CGE 模型检验了非农就业与农业生产中化肥使用的关系。Jiang 等（2013）利用面板计量经济的方法，分析了全国范围内的城市土地扩张与农业用地利用集约度之间的关系。但是，到目前为止，尚没有实证研究使用系统方法量化地探索城市化对化肥使用强度的影响。

我们以河南省为研究区域，分析和检验城市化如何影响农业生产中化肥使用强度的机制。我们研究的问题包括城市化对化肥使用强度的影响是什么？这种影响的内在机制是什么？收入增长对化肥使用强度的影响是什么？农业财政支持对化肥使用强度的影响是什么？我们希望通过面板计量经济模型分析，了解城市化与化肥使用强度之间的联系，获得更多的启示，并为促进土地利用的效率和可持续性提供政策建议。

5.2 研究区域

河南省位于我国中部的黄河中下游地区，是我国的人口大省、农业大省和劳动力输出大省。河南省中东部是广阔的黄淮冲积平原，拥有肥沃的土地资源，耕地面积和粮食播种面积一直位居全国前列。河南地处亚热带向暖温带过渡地区，气候兼有南北之长，气候温和，四季分明，日照充足，降水充沛。春季干燥大风多，夏季炎热雨水丰沛，秋季晴和日照充足，冬季寒冷雨雪少。年平均气温 12～16℃。年平均降水在 500～900 毫米，全省全年降水量约 50%集中在夏季。无霜期为 190～230 天，日照时数 1 740～2 310 小时，光热条件适宜多种动植物生长繁殖，也可满足作物一年两熟或喜温作物两年三熟轮作要求。充足的光、热、水资源和肥沃的土地，为河南省的农业发展奠定了良好的基础。

河南省是 2003 年中央政府设立的第一个粮食主产区（一共 13 个粮食主产区）。2014 年，河南省粮食产量达到 5 750 万吨，占当年全国粮食总产量的 9.5%。过去几十年来，河南省经历了快速的城市化与经济增长。城市人口占总人口的比例从 1980 年的 14%上升到 2013 年的 43.8%。这也导致了农业用地面积的减少和农业部门劳动力的短缺。根据中国科学院土地利用数据库的计算显示，1989—2008 年，河南省耕地面积减少了 134 388 公顷，相当于 1989 年总量的 1.6%。而同一时期，化肥消费增长了

3倍，2008年达到601.68万吨。我们利用同样的土地利用数据和化肥消费数据，进一步计算并获得化肥使用强度。我们发现，河南省每公顷耕地的化肥使用量显著增加，从1989年的0.22吨/公顷上升到2008年的0.72吨/公顷。迅速扩张的城市、有限的耕地、巨大的人口压力和不可持续的农业耕作方式导致了严重的环境退化。如何在保持农业耕作强度的同时提高土地利用的可持续性，已经成为现实的挑战。

5.3 关于农业用地利用集约度的文献综述

关于农业土地集约利用的文献提供了城市化如何影响农业土地利用集约度解释，也提供了导致土地利用集约化的其他主要影响因素。我们利用两类理论来梳理关于城市化与化肥使用强度变化的研究。这两类理论包括经典的土地集约化理论（Boserup，1965）和基于市场的农业土地利用集约化理论（Lambin et al.，2000；Angelsen，1999）。

经典的土地集约化理论把土地利用集约化描述成一个单向的过程。这一过程是对地方驱动因素导致的、对基于土地的产品和服务的需求增加的响应（Boserup，1965）。Boserup及其追随者（Robinson et al.，1984）的理论认为，长期来看，土地利用集约化主要是由人口增长和土地稀缺所导致的。人口增长和土地稀缺是两个共同作用的内生因素，它们促使人们进行科学技术创新和管理政策创新，并通过一系列创新来提高产量，增加固定数量土地的农业产出。历史上大量的农业土地的转变过程提供了充分的证据，证明了该理论的有效性。在人口增长的压力下，土地利用方式从相对粗放向集约化利用转变，从而大大提高了土地的生产能力，这在世界许多地区都可以得到见证（Boserup，1965）。这一理论强调了需求和有限的土地资源之间的内在关系，以及这种关系对土地利用的影响。基于这一解释可以预计，人口增长导致的需求增加和农业用地减少导致的土地稀缺都会引发土地利用集约化。后来的学者扩展了该理论，认为其他需求因素，如富裕和饮食转变也会表现出同样的影响（Robinson et al.，1984）。

Boserup 的理论前提是自给自足和有限的市场参与，与这一假设不同的是基于市场的农业土地利用集约化理论则全面考虑了市场需求和非农就业（Lambin et al.，2000）。Angelsen 建立了理论模型讨论在开放经济和自给自足的情况下，农业集约化的各种决定因素的相对重要性（Angelsen，1999）。Angelsen 发现在开放经济中，更好的非农就业机会和更高的实际工资相关，这也是更长的休耕期和更少的农业劳动力投入的关键因素。实际上，相关研究者普遍认为，经济的开放度越高，农业土地利用的集约度与人口和需求的相关性越少，而对土地成本、非农机会、市场准入等因素的依赖性越强。同时，农业土地利用的集约度与生物物理等条件紧密相关（Keys et al.，2005；Phimister et al.，2006；Shriar，2005）。

20 世纪 90 年代后期以来，中央政府对我国农业进行了谨慎的、渐进式的市场化改革（Huang et al.，2006）。此后，市场的力量虽然逐渐增强，但国家和国有企业仍然对战略性农产品保持着相当的控制力。考虑到这一背景，可以预计在我国需求因素和生产因素将共同决定农业土地利用的强度。此外，相关研究者也强调了政策干预在区域和全球土地利用变化过程中的作用（Phimister et al.，2006）。值得注意的是，中央政府不断增加分配给农业的资金和投资数量以提高农业生产力和农村收入（Deng et al.，2008）。另外，也要考虑到由2004年以前征收农业税向2004年后补贴粮食种植这一重要政策性转变带来的影响（Heerink et al.，2006）。自2004年起，政府通过提供农业投入直接补贴、补贴化肥生产和维护粮食价格等多种形式补贴粮农，调动农民的种粮积极性，促进粮食生产（Li et al.，2013）。通过放松流动性约束和补贴等政策来影响农民的种植决策，也可能使化肥使用强度受到一定的影响。因此，在分析化肥使用强度变化时，考虑农村政策干预是有必要的。

5.4 化肥使用强度和其他数据来源

农业土地利用集约度通常用投入与产出水平或在固定单位土地和时间范围内的复种指数来衡量（Turner et al.，1978）。近期研究表明，土地利用集约度还可以从生态属性变化的角度加以衡量（Erb et al.，2013）。在本研究中，我们将化肥使用强度作为农业土地利用集约度的衡量指标。这个指标代表的是影响农业生产的一种关键资本的投入水平。

我们选择化肥使用强度作为指标有以下原因。第一，这一研究侧重解释农业土地管理的变化以及管理政策实施引起的相关环境影响。历史上，化肥消费为我国的粮食单产提高做出了很大贡献，但是也让我国付出了巨大的环境代价。尽管如此，极少有相关研究揭示导致这一类土地利用管理变化的驱动机制。第二，县级层面的生产价值的衡量（如产出总值和总生产成本）或者不存在，或者不一致（Fan et al., 2002）。第三，虽然复种指数提供了一种在全国范围内对于土地利用集约度的标准的衡量方式，但是，在我们的研究区域内，复种指数随时间变化的幅度不大。河南省的复种指数1995年为1.5，2008年为1.7。在本研究中，我们把化肥使用强度定义为一年内化肥总消费量与耕地面积的比例。

我们利用两类数据来计算化肥使用强度：化肥消费量和耕地面积。我们从《河南统计年鉴》中收集了关于1995年、2000年、2005年和2008年的化肥消费数据。中央政府出版的加总过的土地利用数据一直被质疑低估了农业土地的数量（Chow, 1994; Seto et al., 2000）。因此，我们使用了从美国国家航空航天局地球资源卫星获取，并由中国科学院地理科学与资源研究所分析所获得的土地利用数据集（Liu et al., 2002）。这个全国数据集经过广泛的测试和开发，提供了关于1995年、2000年、2005年和2008年耕地范围的空间清晰的信息。

我们假设，化肥使用强度的变化归因于城市化相关的两个重要因素即农业土地稀缺性和非农机会，也与文献中记载的其他几个重要社会经济因素如富裕程度和农业财政支持相关。除耕地面积变量以外，我们采用各县城市职工平均工资、人均GDP、人均农业生产和政府财政支出作为变量来检验以上假设。所有数据都是从《河南统计年鉴》中收集的。

我们引进了一组生物物理变量以控制跨越空间的地理异质性。我们希望检验包括地形特征和气候条件在内的生物物理因素对化肥使用强度的影响。反映地理和地形属性的数据由中国科学院从中国数字地理信息数据库产生。气候数据是邓祥征等利用中国气象局站点观测数据生成（Deng et al., 2010）。

我们整合所有以上数据，形成一个关于河南省 108 个县和跨越 4 个时间段的化肥使用强度变化的面板数据集。

5.5 实证模型和变量设定

我们以农业土地利用集约度变化的理论文献为指导，构建关于化肥使用强度的面板计量经济模型。Boserup 的理论强调了需求因素，如人口增长、富裕程度和土地稀缺性的贡献。以市场为基础的因素表明生产因素，如非农机会和环境因素是土地利用集约化的重要决定因素。我们结合了这两种观点，并且在我们的模型构建中考虑了农业财政支持的作用。

在面板计量经济模型中，我们的因变量是 *FerIntensity*，即某个县某一年（1995 年、2000 年、2005 年或 2008 年）关于化肥使用强度的度量（表 5-1）。我们在数学上把化肥使用强度的变化描述成一个关于农业土地稀缺度、非农机会、富裕程度、农业财政支持和一系列环境条件的方程。$AgriLand$ 是某个县某一年的人均农业土地面积，直接度量了农业土地稀缺度。根据 Boserup 的理论，土地稀缺度的增加将会导致土地利用的集约化。$UrbWage$ 是某个县某一年的城市职工平均工资。较高的城市工资，表明有更多的非农机会，预计将增加农业生产的机会成本，并导致农业部门的劳动力稀缺（Conelly et al.，1994）。我们利用这两个变量来检验城市化与化肥使用强度的关系。城市化与农业土地面积缩减和城市经济发展相关。前者导致更大的土地压力，而后者导致城市工资增加。

农业土地利用集约化理论提供了这两种过程对农业土地利用集约度影响的一般性解释，但是，对这两种与城市化相关的过程如何影响化肥使用强度及其内在机制并未解释清楚。这些都需要更多的实证检验。

表 5-1 变量的描述

变量	描述
因变量	
$FerIntensity$	化肥使用强度（吨/公顷）
自变量	
$AgriLand$	人均耕地面积（公顷）
$UrbWage$	人均城市职工工资（千元）
$GDPpct$	人均 GDP（千元）
$AgExp$	人均政府对支持农业生产和运营的支出（元）

(续表)

变量	描述
Wind	年平均风速（米/秒）
Sun	年平均日照时数（小时）
PlainRatio	平均坡度低于8°的土地比例
Elevation	平均海拔（千米）
Precipitation	年平均降水量（毫米）
Temperature	年平均气温（℃）

GDPpct 是某个县某一年的人均总产出，被用作衡量富裕水平的指标。我们用这个变量来检验需求对化肥使用强度的影响。已有的关于食品消费的研究表明，不是人口的绝对增加而是收入和饮食结构的变化显著地影响了一个国家的粮食需求（Pingali，2007）。Boserup 肯定了需求增长可能导致土地利用的集约化。

AgExp 代表的是某个县某一年政府支持农业生产和运营的人均支出。中央和省级政府持续增加了分配到县级层面的农业投资和资金，目的是提高农业生产和农村收入。我们用这个变量来检验农业政策干预对化肥使用强度的作用。一般预计，在获得政府财政支持的条件下，农民将更有能力提高化肥使用的水平。

考虑到环境条件制约了农业土地的利用，我们定义了一组生物物理变量来控制空间异质性。其中，*Wind* 是一个县年平均风速，*Sun* 是一个县年平均日照时数，*Precipitation* 是一个县的年平均降水，*Temperature* 是一个县的年平均气温。这4个随时间变化的变量被用作气候特征的控制变量。*PlainRatio* 是一个县平均坡度小于 8°的土地的比例，*Elevation* 是一个县的平均海拔。这两个变量衡量的是一个县的平均地形条件，所以它们不随时间变化。我们预计，具有更优越的气候和地形条件的县可能经历更高强度的农业耕作和化肥使用。而且，非常可能的是，农民有动机在有好的气候条件的年份更集约地管理他们的土地。

表 5-2 显示的是模型使用的所有变量的描述统计。1995—2008 年我们全部的研究范围内，河南省化肥使用强度从 0.38 吨/公顷稳步上升到 0.72 吨/公顷，而人均耕地面积从 0.093 公顷下降到 0.084 公顷。根据 1995 年的价格水平，人均城市工资增长了 3 倍，从 3 395 元增加到 13 624 元。

表 5-2 这项研究使用变量的描述统计

变量	观测量	均值	标准差	中位数	最大值	最小值
FerIntensity	432	0.562	0.280	0.530	1.659	0.041
AgriLand	432	0.099	0.030	0.094	0.201	0.043
UrbWage	432	7.617	4.224	6.450	24.507	2.381
GDPpct	432	7.365	6.767	5.365	47.943	1.329
AgExp	432	53.742	67.055	24.689	685.240	3.025
Wind	432	2.154	0.248	2.155	3.022	1.558
Sun	432	5.448	0.594	5.433	7.128	4.201
PlainRatio	432	0.661	0.358	0.787	1.000	0.012
Elevation	432	0.202	0.227	0.092	1.114	0.034
Precipitation	432	805.347	238.868	739.532	1 542.009	483.798
Temperature	432	14.718	0.803	14.759	16.582	11.331

关于化肥使用强度与其社会经济和生物物理决定因素之间的关系，可以用以下线性面板模型描述：

$$\log(FerIntensity)_{it} = X_{it}\beta + u_{it} \quad \text{（式3）}$$

这里 $\log(FerIntensity)_{it}$ 是 t 年第 i 个县的化肥使用强度的对数形式。X 是一个关于解释变量的矩阵。β 是一组有待估计的回归系数。u 是一个均值为 0 的随机误差项。这个基本的线性模型假设 β 对于所有县和所有时间阶段都是相同的。我们基于方程式3使用了个体效应的拉格朗日乘数检验（Breusch et al., 1980），而我们拒绝了县域间方差为 0 的原假设（Chisq = 305.9, df = 1, $P<0.00001$）。因此，一个对于个体效应的处理需要被包含到模型中以控制与县域有关的异质性。如果不加控制，这种异质性可能会导致系数估计的偏差。

固定效应或者随机效应可以被包括进来，以控制空间异质性和与各县有关的稳定而不可观测的特征（Baltagi et al., 2003; Hausman, 1978）。假设方程式3中的随机误差项有两个分开的组成部分，这一模型可以被表示为：

$$\log(ConvertedLand)_{it} = X_{it}\beta + u_i + \varepsilon_{it} \quad \text{（式4）}$$

这里 u 是与县有关的个体误差分量，而 ε 是假设独立于回归变量和个体误差分量的特异性误差。个体误差分量 u 可以独立于回归变量或者与之相关。如果它是相关的，OLS 估计量将会是不一致的。这种情况下，固定效应模型可以被使用来获得一致的估计。这种模型中 u 被处理为一组固定的常数。另一种情况下，u 与回归变量不相关，随机效应模型将被使用。在我们的研究中，我们同时估计了固定效应和随机效应模型,并且用霍斯曼(Hausman)检验比较它们的估计结果。

5.6 关于化肥使用强度的面板计量经济模型结果

我们同时使用方程式 4 所表示的固定效应和随机效应模型估算了关于河南省 108 个县和跨越四期的化肥使用强度。我们的估计结果显示,每一个社会经济变量都显著地影响了化肥使用强度(表5-3)。比较固定效应和随机效应模型的估计结果,这些估计系数的符号是一致的,并且估计系数的大小差异很小。但是,根据霍斯曼检验($P<0.0001$),我们拒绝了固定效应和随机效应估计之间没有显著差异的原假设。这表明了固定效应模型才是更为合适的表达。因此,我们采用固定效应模型的结果来说明每一个社会经济变量的作用。

表 5-3 关于化肥使用强度的面板计量经济模型结果

变量	因变量:log($FerIntensity$)	
	固定效应模型	随机效应模型
截距项		3.235*** (3.84)
$AgriLand$	−8.377** (−2.82)	−5.362*** (−4.52)
$UrbWage$	0.031*** (3.38)	0.030*** (3.45)
$GDPpct$	0.010** (2.73)	0.012** (3.15)
$AgExp$	0.003** (3.20)	0.004*** (3.72)

(续表)

变量	因变量：log（FerIntensity）	
	固定效应模型	随机效应模型
Wind	-0.417** (-3.31)	-0.368** (-3.24)
Sun	-0.094 (-0.87)	-0.126 (-1.03)
Precipitation	0.0003** (2.95)	0.0002* (2.11)
Temperature	-0.039 (-1.48)	-0.165*** (-3.93)
PlainRatio		0.490** (3.14)
Elevation		-0.714** (-2.70)
观测量	432	432
R^2	0.63	0.60

注：括号中为 t 统计量。

* $P<0.05$。

** $P<0.01$。

*** $P<0.001$。

AgriLand，即人均耕地面积，和化肥使用强度负相关。在均值处计算获得的 *AgriLand* 的弹性是-0.83。这一结果表示当人均耕地面积下降10%时，化肥使用强度增加8.3%。*AgriLand* 是关于农业用地稀缺度的一个直接衡量。它所估计的结果与我们的预期相符。我们预期人均农业用地面积下降将会引发更大的土地压力和农业用地的更集约化利用。因为土地利用的集约化最可能通过提高单位土地面积的农业投入水平，特别是化肥投入水平来实现。

UrbWage，即城市职工平均工资，与化肥使用强度正相关。

在均值处计算获得的 UrbWage 的弹性是 0.24。这表明城市职工平均工资每增加 10% 将导致化肥使用强度增加 2.4%。我们的这一结果和之前一些学者的研究结果相符合。之前的研究认为,化肥投入的使用会因非农就业的增加而增加,因为农户倾向于用化肥替代劳动力,而且他们由于非农就业会有更多的收入来购买其他农业投入(Taylor et al., 2003)。但是,这一结果与 Shi 等(2011)的研究结果相反。他们发现非农就业减少了农业生产中的化肥投入水平。但是,他们的发现只局限于陕西省的一个村庄,因此,可以从中获得的适用于我国其他区域的思考十分有限。为什么城市工资对河南省的化肥使用强度有着正向的作用呢?农业用地集约化理论提供了上升的城市工资如何影响农业部门劳动力可获得性的相关解释,但是并没有说明城市工资影响化肥使用强度的过程和内在机制。根据农业用地集约化的理论,当非农部门的工资增加时,非农就业机会就会增加,这将导致农业部门的劳动力稀缺。我们认为只要劳动力成为农业生产的一个限制因素,农业生产的方式就需要发生改变,关于生产的其他因素需要发挥补偿作用,以保持种植业的利润。这一过程最终将导致化肥使用强度的增加。

  关于农业生产方式的两类改变可以解释河南省化肥使用强度的增加:单产增加和作物种类的改变。自从 20 世纪 80 年代我国实行家庭联产承包责任制以来,粮食单产获得了巨大进步,而这一成功可以被主要归功于科技创新。这其中最重要的技术之一是新品种,如杂交水稻及其衍生品种的采用,而这些新品种一般对化肥是高度响应的。因此，增加粮食单产技术的发展似乎提高了更高强度化肥使用的需要。

为了提高农业利润，农民们还有动机从传统的由粮食作物主导的农业系统转向多元化经营（Van et al., 2007）。河南省粮食作物占总耕面积的比重，从1995年的72.6%平稳下降至2005年的65.7%，又小幅上升至2008年的67.7%。粮食播种面积比重的下降和农业系统的多元化发展代表了我们研究时间范围内的主要趋势。随着高附加值农产品市场需求的增长，更多的耕地现在被整改用于种植蔬菜、水果和其他经济作物（Long et al., 2009）。河南省传统的粮食耕作系统包括了一至两季种植，而盛行的蔬菜种植系统具有比粮食系统高很多的耕作频率。由于蔬菜整年的连续种植，氮、磷等化肥的施用会在土壤中积累达到一个很高的水平（Huang et al., 2006）。粮食作物向蔬菜等化肥使用强度大的作物的转变，导致了河南省总体化肥使用强度的增加。

和我们的预期一致，$GDPpct$ 对化肥使用强度有正向的作用。因为人均GDP是一种对收入的衡量，这一结果表明，收入增加驱动了食品消费结构的西化，导致了粮食需求的增加，进而促进了农业用地的更集约化利用。因为化肥使用强度尤其能够衡量一种关键资本投入的水平，这一结果也显示，河南省经济较发达的县相对于欠发达的县趋向于具有更高的土地利用的资本投入强度。

$AgExp$ 对化肥使用强度有着正向的作用。在均值处计算获得的关于 $AgExp$ 的弹性是0.16，这表明政府对农业的人均支出每增加10%可以导致化肥使用强度增加1.6%。这一结果是合理的，因为流动性约束和贷款的可获得性对于资本的投入和化肥使用非常重要（Yi et al., 2016）。如果可以从政府那里获得更多的金融支持和补贴，农民将更有能力提高农业生产中化肥使用的水平。这一结果也意味着旨在补贴农业生产和增加农业收入的政策对于提高农业土地利用和生产的集约度有着极大的潜能。但是，农业补贴也会带来化肥和其他农用化学品的更多使用，从而导致环境污染。

固定效应模型的结果提供了4个随时间变化的生物物理变量的系数估计。其中，这一组群中的两个变量具有显著的系数。*Wind* 与化肥使用强度负相关，而 *Precipitation* 与化肥使用强度正相关。这与我们的预期是一致的。因为环境条件限制了农业土地的使用，具有更好天气条件的地区一般更适合农业生产。我们预期，在其他条件相同的情况下，具有更低风速和更多降水的县可能经历更高强度的农业生产和化肥使用。这一结果也意味着适宜的气候条件，比如更低的风速和相对较多的降水，可以鼓励农民更集约化地管理他们的土地以求获得更好的收成。随机效应模型的结果提供了两个不随时间变化的生物物理变量的系数估计，而这两个估计都是显著的。*PlainRatio* 与化肥使用强度正相关，而 *Elevation* 与化肥使用强度负相关。这一结果显示具有相对更低和更平坦的地形条件的县倾向于具有更高的化肥使用强度。这也与我们的预期相符合。我们预期好的地形条件将促进农业土地利用和农业耕作强度。

由 2004 年以前征收农业税向 2004 年之后补贴粮食种植的重要政策转变，可能影响我们分析的结果。我们检验了我们模型中这一政策转变对农业生产强度的潜在影响。为了进行这一检验，我们假设如果具有这样的影响，这个影响将会被时间趋势所捕获。我们分两个步骤来进行这一检验。首先，我们运行了一个包含时间效应的双向固定效应模型，并检验时间效应是否显著。接下来，我们生成了一个指示变量，此变量对于 1995 年和 2000 年等于 0，而对于 2005 年和 2008 年等于 1。我们将这个指示变量引入到原来的模型中，重新估计模型。结果显示，在这个双向固定效应模型中，时间效应的系数估计都是显著的。这表明不同的县具有相同并且显著的时间趋势。另外，在包含指示变量的模型中，指示变量的系数估计也是显著的。这意味着，发生在 2000—2005 年的重要的政策变化可能对化肥使用强度有着显著的影响。

我们数据的空间分层结构导致我们的数据在空间上相关的可能。为了探究此种可能，我们对于数据所在的每一时期计算出 Moran's I 统计量，获得的 4 个时期的 Moran's I 分别是 0.16、0.24、0.21 和 0.33。这组数字表明，对于我们观察的 4 个时期都存在不同程度的正的空间相关。接下来，我们检验存在的空间相关性如何影响我们模型的估计结果。我们通过将因变量的空间滞后项［权重×log（化肥使用强度）］作为一个额外的解释变量加入模型，重新估计模型，并比较新模型和原模型的结果来实现以上检验。经过比较，我们发现原来的估计结果是稳健的。如对于表 5-3，所有的系数估计都保持了它们的符号，而且原来显著的系数估计都没有变得不显著。新模型和原模型之间的比较在某种程度上验证了空间依赖性问题并没有危害到我们的估计结果。

5.7 对化肥使用强度的内在机制和土地利用可持续性的讨论

20世纪以来，我国的快速城市化伴随产生了农业集约化和农业所致的环境污染。在本研究中，我们利用面板计量经济模型来检验城市化和其他社会经济因素对于河南省化肥使用强度的影响。以相关文献为指导，我们识别了与城市化相关并且预计会对化肥使用强度产生影响的两种关键过程：农业用地面积的减少和城市工资的增加。我们的模型结果显示，消减的人均农业用地与更高的化肥使用强度相关。我们还发现，城市工资与化肥使用强度正相关。另外，人均 GDP 和人均政府对农业的支出都正向地导致了化肥使用强度的增加，这也和我们的预期是一致的。

这个研究使我们对城市化如何影响农业生产中的化肥使用强度的内在机制进行了探究。本研究的结果是城市化所造成的农业用地的稀缺性导致了更高的化肥使用强度，与农业用地集约化理论相一致。另外，我们也发现了城市工资对化肥使用强度的正效应。怎么解释这种效应呢？农业用地集约化理论表明，上升的城市工资可以减少农业部门的劳动力可获得性。我们估计用于弥补劳动力流失所产生的农业生产方式的变化将会导致化肥使用强度的增加。特别需要指出的是，与提高单产相关技术的发展和粮食作物向化肥使用强度较高作物的转变，同时导致了化肥使用强度的增加。我们的发现与之前研究的结论相吻合。之前的研究发现，由于额外收入带来的流动性约束的放松和化肥对劳动力的替代，以及非农就业导致了化肥使用的增加。

我们的研究为土地利用的可持续性提供了重要借鉴。世界其他地区的例子显示，土地流转对于快速城市化是必要的（Ramankutty et al., 2002）。持续的城市增长使现有的农业用地面临被转移为城市用地的风险，进而使自然生态系统面临被转移为农田的风险。我们的发现表明，与城市化相关的两种主要过程都对化肥使用强度有正向的影响。这意味着存在着某种与城市化相关的反向机制——农业用地利用集约化部分地减少了新农业用地开垦的需要，为保护自然土地资源创造了可能。这样的情况下，除了土地流转的负效应以外，城市化对土地利用可持续性也存在一些正面影响。但是，从另一方面来看，城市化会导致农业生产中化肥使用水平的提高，从而加重农业环境污染。来自农业的非点源污染危害水体质量和农业生态系统，进而会对未来食品安全和土地利用的可持续性产生威胁。化肥使用效率的显著提高对于保障长期的食品供给和环境的可持续性来说是必要的。在实践中，这依赖于新作物品种的开发，化肥施用时机的改进，作物轮种、间种等多元化种植系统的使用（David et al., 2002）。

5.8 结论

城镇化对于粮食生产的影响是多方面的，对于粮食产量的影响也比较复杂。一方面城镇化会造成农业耕地和农业劳动力的流失，对于粮食生产产生不利的影响。改革开放以来，我国城镇化进程迅速推进，相关数据表示，仅20世纪90年代我国的城市面积就增加了将近25%。快速的城镇化导致了城市用地面积的大规模扩张，也导致了耕地的大规模流失。另一方面城镇化的发展有助于优化经济发展模式和提高经济发展水平，并将促进粮食的生产模式向集约化方向转变，有助于提高粮食单产。城镇化的发展有助于粮食生产的集约化经营，加强农业耕地的集约化利用。长期来看，土地利用集约化主要是由人口增长和土地稀缺所导致的，而在这两个因素的共同作用下，科技创新和管理政策创新被引入农业生产，农业单产得到提高。但是在考虑市场的情况下，人口增长引致的需求增长和农业用地减少，并不会显著地影响农业用地利用集约化，而更好的非农就业机会和更高的实际工资对农业耕地集约化利用的影响更显著。相关的研究普遍证明，经济的开放度越高，农业用地的集约度与人口和需求相关性越低，而对土地成本、非农机会、市场准入等农业生产因素越相关。自20世纪90年代以来，我国对于农业体系进行了渐进式的改革，不断在农业部门引入市场力量，但是目前国家对于农业生产特别是战略性农产品的生产依然保持着一定的影响力，因此可以认为我国农业生产集约化不但受需求要素的影响，也深受生产要素的影响。

在改革开放初期，城镇化主要集中在沿海地区，随着内陆发展政策的实施和产业转移，从20世纪90年代中后期开始，中西部地区城镇化也进入快速发展阶段。城镇化在中西部地区的迅速推进，造成了中西部地区的农业用地面积严重流失。同时我国政府也不断加强对农业部门的投资和资金补助，特别是加强了对于粮食主产区的补助，在一定程度上缓解了粮食生产面临的困境。从2004年起，政府取消农业税，并采取提供多种形式补贴粮农，促进粮食生产。作为中西部大省的河南省，不仅是我国的人口大省、农业大省和劳动力输出大省，而且还是2003年中央政府设立的第一个粮食主产区，在国家的粮食生产中具有重大的战略地位。因此，在农业用地减少的趋势下，研究河南省农业用地的集约化利用对于维持全国粮食生产和粮食安全就更显重要，有助于更好的理解和解决促进城镇化发展与维持粮食安全之间的两难问题。

化肥使用强度可以作为表示农业用地利用集约度的一个重要指标。因为在我国农业生产中，化肥投入是总资本投入的最大组成部分，因而能在很大程度上代表农业用地集约度。构建化肥使用强度的面板计量经济模型，模型包含强调需求因素的土地稀缺度（$AgriLand$）、富裕程度（$GDPpct$）等指标，也包含强调以市场为基础的非农就业机会（$UrbWage$），并考虑了农业财政支持（$AgExp$）和环境条件等因素。

根据河南省的实证研究，我们可以得出以下结论：①土地稀缺性增加，将导致化肥使用强度增大；②非农机会成本上升，也会导致化肥使用强度提升；③区域人民越富裕，即人民富裕程度越高，化肥使用强度也越大；④财政补贴力度越大，化肥的使用强度也越大；⑤具有更好环境条件的地区，使用化肥的强度也越大。

本章的研究结论表明，河南省农业用地转移和城市工资增加与化肥使用强度具有正向关系，而城镇化的发展也与这两种因素正相关，这说明城镇化的发展也会导致化肥使用强度的上升，这也意味着城镇化将会促进农业用地的集约化利用。城镇化的发展一方面造成农业用地流转，农业劳动力减少，对于粮食生产产生负面影响；另一方面却促进农业用地集约化程度提升，提高了粮食生产能力，对于粮食生产具有正面影响，因此城镇化的发展对于粮食生产会产生综合的影响，也为河南省解决促进城镇化发展和维持粮食生产之间的矛盾提供了方法和途径。城镇化的发展也为减少新农业用地开垦的需要以及保护自然土地资源创造了可能，但是城镇化会导致化肥使用强度上升，也会导致农业环境污染加重。

6 粮食主产区城镇化对粮食消费影响的机制研究

6.1 城镇化对粮食消费影响的背景

改革开放以来我国城镇化过程中，城镇的快速发展与农村经济的停滞导致我国陷入二元经济的局面，城乡差距日渐扩大。从粮食消费结构来看，城镇居民与农村居民的食品消费结构呈现出较大的差别；然而，随着我国经济的进一步发展和农村人口持续涌入城镇务工，城镇居民与农村居民的食品消费结构又呈现出趋同的趋势。陈笑等（2015）指出，城镇居民的食品消费随着收入的提高更加多元化，其中蔬菜和肉类的消费比例远高于农村居民。改革开放以来，农村居民的口粮消费基础量很高，可以达到城镇居民消费量的两倍，随着经济不断发展，农村居民的口粮消费呈现持续下降的趋势；同时农村居民的消费结构也发生了变化，提高了肉蛋奶类食品的消费。钟甫宁等（2012）也从热量消费的视角证明了动物类食品在居民食品消费结构中占比的不断增加，所以，近年来城镇居民与农村居民的粮食消费总量呈上升趋势。

食品消费的研究并不能只从消费结构的变化来进行比较与研究，我们需要探索其中发生改变的原因。尹风雨等（2016）认为，居民的食品消费可以从两个方面来进行研究，一方面农村居民不断转换为城镇居民，消费结构发生了变化，而农村居民的年龄结构向老龄化趋势转变，所以总的居民粮食消费量受到了影响；另一方面，随着居民收入水平的增加，城镇居民和农村居民食品消费的结构和数量都发生了变化。许高峰等（2013）从粮食需求的角度来分析，认为人口持续增长和城镇化不断发展导致城镇居民比例增加，所以消费的粮食更多。钟甫宁等（2012）认为城镇化对粮食消费需求的影响表现在两方面：一方面，城镇化提高了居民食品消费结构中肉类产品的比重，从而增加了粮食需求总量；另一方面，城镇化的不断发展导致农业活动减少、居民体力劳动强度降低并减少了热量需求，从而降低了粮食需求总量。陈永红等（2013）认为，随着城镇化的进一步发展，城镇与农村之间收入差距的减小必将导致城镇居民与农村居民的消费结构与数量的差距不断减小，即全国的粮食消费总量将不断增大。所以从上述文献来看，城镇化的不断发展对城镇居民和农村居民的食品消费都产生了影响。

我国快速的城镇化对粮食消费的确产生了影响，城镇居民与农村居民的食品消费数量和结构都有比较大的差异。但是我国的粮食消费所带来的粮食安全的压力并不只是体现在农村居民转变为城镇居民这一方面；我国二元经济明显，城市经济的发展迅速，近些年来特大城市的不断涌现，大城市群的聚集等需要我们针对城镇化程度对居民食品消费的影响进行更加细致的研究。在现实生活中，很多居民从较小城市向发达程度更高的城市转移，因此,我们想探究城市之间城镇居民食品消费结构和数量是否有差别。在现有学者的研究中,大多数文章只通过城镇居民与农村居民食品消费结构与数量的比较来验证城镇化对居民食品消费的影响。我们不仅从城镇居民与农村居民的角度进行食品消费比较,还从城镇化的不同阶段进行居民食品消费比较:通过对省会城市与其他中小城市的居民进行分析,横向比较城镇化对居民食品消费的影响。

河南省作为粮食生产大省且处于城镇化快速发展的阶段,因此本章主要选取河南省作为研究对象,细致分析城镇化对粮食消费的影响。粮食消费需要从食品消费的结构与数量随时间的变化进行分组比较,我们一方面对城镇居民和农村居民进行比较,来验证城镇化对食品消费的影响;另一方面我们对河南省不同发展水平的城市的城镇居民进行比较,来验证城镇化发展程度对食品消费的影响。食品消费只是粮食安全的一部分,为了更好地认识不同城镇化水平的食品消费对于粮食安全的影响,我们在研究中还衡量了人均土地需求的变化。

6.2 基本情况和使用数据介绍

在我们的研究中,关于河南省居民食品消费的数据主要源自《河南统计年鉴》以及郑州、开封、漯河和三门峡4个城市的统计年鉴。本研究设计了两个消费对照组,一组是河南省的城镇居民与农村居民的消费比较,包括城镇居民食品消费和农村居民食品消费；另一组是省会城市和中小城市的消费比较，其中有河南省省会城市郑州的城镇居民食品消费，以及开封、漯河和三门峡3个非省会城市的城镇居民食品消费数据。我们在统计年鉴中选择了10个居民重要食品消费种类——粮食、食用植物油、猪牛羊肉、家禽、水产品、奶制品、蛋类、蔬菜、水果和酒类消费。考虑到统计指标的完整度和时间对比的合理程度，我们对2006年与2013年河南省城镇居民和农村居民的人均重要食品消费量，以及郑州、开封、漯河和三门峡4个城市的城镇居民的人均重要食品消费量进行了比较分析。

表6-1表示的是饲料转换率。饲料转换率是生产一单位食品所需要的粮食数量，可以计算食用植物油、肉类（包括猪牛羊肉和家禽）、水产品、奶制品、蛋类和酒类产品需求的间接粮食消费。表6-2代表了每类食品的土地需求，即每一千克的食品产量需要多少平方米的土地进行种植，在统计年鉴中有各类食品的单位面积产量单位为千克/公顷，把数值倒数乘以10 000，可以计算粮食、蔬菜和水果每千克产量需要多少平方米的土地。

表6-1 饲料转换率

食品	饲料转换率
粮食	1
油脂	6.5
肉	4
蛋	3.6
水产品	2
奶制品	0.64
酒类	0.72

表 6-2　每类食品的土地需求　　　　单位：米²/千克

食品	2006 年	2013 年
粮食	1.840 265	1.764 602
蔬菜	0.270 592	0.245 453
瓜果	0.243 102	0.196 564

资料来源：《中国统计年鉴2007》和《中国统计年鉴2014》。

6.3　研究方法与变量定义

从现有的文献研究中，学者们已经发现，随着城镇化水平和居民收入的不断提高，我国城镇居民与农村居民的食品消费结构发生了改变：谷物消费量不断减少，其他食品的消费量不断增加。李志强等（2012）通过总体分析研究发现，随着城乡居民收入的提高，以及高收入阶层和国外消费模式示范影响的增强，居民谷物消费比重会降低，而肉、蛋、奶等动物性食品消费比重会提高。钟甫宁等（2012）认为，由于各种因素的影响，居民在热量摄入总量变化不大的情况下改变了食品的消费结构，从而导致总的粮食消费出现了增加。孙赫等（2014）利用 ELSE（扩展线性支出系统模型）对居民食品结构消费进行分析发现，城镇居民消费结构发生了比较大的变化，增加了水产品、奶制品等食品的需求。陈笑等（2015）认为，城乡居民食品消费的主要差异在于消费结构的不同，其中农村居民直接粮食消费量远高于城镇居民，而城镇居民的肉蛋奶类消费远高于农村居民。在城镇居民消费方面，王志刚等（2012）认为城镇居民的食品消费结构转变方式属于随时间逐渐调整的改变,他认为我国居民消费结构转变的时间段为1994—1995年,即1994—1995年后肉类和禽蛋类食品才成为城镇居民食品消费的必需品。在农村居民消费方面,王志刚等(2012)在研究农村居民食品消费时发现其食品消费结构的变化也是渐进式的,消费结构转变的时间段为1984—1987年,1984—1987年后农村居民粮食消费量逐年下降;肉类的价格弹性不断下降,消费量逐年上升,水产品的消费价格弹性虽然仍然比较高,但是消费量不断增加。武拉平等(2011)认为,由于城镇化、产量、收入等方面的原因,农村居民的食品消费虽然从短期来看不会出现大的变化,从长期来看,粮食消费是会适量下降的,而肉蛋水产品的消费则会不断增加。周竹君(2015)通过比较分析总结,城镇化发展推动了我国粮食消费总量刚性增长,但居民收入增长才是推动食物消费结构升级的主要原因;粮食的价格不同决定了不同粮食品种的替代强度也是不同的,国内粮食供给与结构性需求不匹配是粮食进口增加的主要原因。在本研究中,我们主要探究城镇化对居民粮食消费和人均土地需求的影响,因此,对不同居民的粮食消费和人均土地需求的比较是研究的重点。

从研究方法来看,大部分学者只是从城镇居民和农村居民的食品消费量变化角度进行了比较,一些学者通过饲料转换率研究我国口粮减少,工业粮、饲料粮和种子粮比例增加的变化趋势来探讨我国粮食安全问题。大多数学者对于粮食消费变化因素的探究是从多方面考虑的,他们在比较过程中只对城镇居民与农村居民进行了分类比较。罗幼喜等（2007）虽然对不同城市地区的食品消费结构进行了研究，但是研究并不深入，在文中只进行了简单的聚类分析，在原因的探索上也只从当地风俗习惯角度进行了研究。本研究旨在深入研究城镇化对粮食消费的影响，进而更深入地探讨粮食安全问题。一方面，我们对城镇居民和农村居民的食品消费进行比较分析；另一方面，我们对不同城镇化程度的城市居民的消费量进行比较分析。在对粮食消费进行研究的过程中，我们首先对食品消费的结构和数量进行比较，探究城镇化对食品结构和数量变化有何影响；为了更好地分析粮食消费对于粮食安全的影响，我们将重要食品消费转换成粮食消费，从而得到人均的土地需求。

我们首先收集了河南全省城镇和农村以及郑州、开封、漯河和三门峡4个城市的城镇居民人均食品消费的数据。由于各个地区的各个重要食品消费量无法进行直接比较，我们选择用统一的指标衡量各个样本的土地需求。所以，我们首先利用表6-1将各个重要食品消费量转换成间接的粮食消费；表6-1是饲料转换率即衡量多少单位的粮食可以生产一单位的重要食品。然后利用表6-2中的粮食、蔬菜以及水果的土地需求计算人均重要食品消费量所需要的土地需求。

6.4 河南省城镇居民和农村居民人均粮食消费和土地需求的比较

城镇化的发展对城镇与农村的经济都产生了影响，也对城镇居民和农村居民的食品消费结构和数量产生了影响。在这里，我们主要对河南省城镇和农村的人均食品消费量进行比较分析（表6-3）。

表6-3 重要年份城镇和农村人均食品消费　　单位：千克

食品	城镇		农村	
	2006年	2013年	2006年	2013年
粮食	80.74	98.55	211.33	151.29
食用植物油	7.50	10.26	4.32	6.53
猪牛羊肉	16.20	18.15	7.19	8.49
家禽	4.00	5.80	1.60	2.69
水产品	3.60	4.61	1.39	1.91
奶制品	15.30	18.68	1.21	3.66
蛋类	13.00	14.62	10.10	7.86
蔬菜	136.70	106.83	99.63	63.65
水果	63.70	64.44	18.08	32.63
酒类	6.00	6.62	6.53	6.43

资料来源：《河南统计年鉴》，2007—2014年。

表6-3是对河南省城镇居民和农村居民在2006年和2013年重要食品消费的比较。

（1）粮食。2006年城镇居民的人均粮食消费为80.74千克，农村居民的人均粮食消费达到211.33千克；2013年城镇的人均粮食消费98.55千克，农村居民人均消费151.29千克。城镇居民的人均粮食消费量一直比农村居民要低，但是二者之间差距在不断减少，农村居民的人均粮食消费在2006—2013年减少了60.04千克，与此相比，城镇居民的人均粮食消费增加了17.81千克。

（2）食用植物油。2006年城镇居民人均食用植物油消费量

7.5 千克，农村居民 4.32 千克；2013 年城镇居民消费量增加了 10.26 千克，农村居民也增长到 6.53 千克；城镇居民的人均消费量一直高于农村居民，但两者的消费量差距基本保持一致，从变化趋势来看，城镇居民和农村居民人均食用植物油消费量在 2006—2013 年都保持增长趋势。

（3）猪牛羊肉。2006 年城镇居民的人均猪牛羊肉的消费量 16.20 千克，农村居民人均消费量 7.19 千克；2013 年城镇居民人均猪牛羊肉消费量 18.15 千克，农村居民消费量 8.49 千克。从时间变化来看，城镇居民和农村居民的消费量都出现了增长，但增长变化都不大。而城镇居民的人均猪牛羊肉消费远高于农村居民，2006—2013 年城镇居民消费量一直保持在农村居民消费量的 2 倍左右。

（4）家禽。城镇居民的人均家禽消费量一直高于农村居民，且城镇居民和农村居民的消费量随年份变化都是不断增加的。

（5）水产品。城镇居民的人均水产品消费量一直高于农村居民，且差距基本保持不变；随时间增加，城镇和农村居民的消费量都是不断增加的。

（6）奶制品。2006 年城镇居民人均奶制品消费达到 15.30 千克，农村居民只有 1.21 千克；2013 年城镇居民人均奶制品消费 18.68 千克，农村居民只有 3.66 千克。城镇居民的人均奶制品消费远高于农村居民，但都随时间变化而不断增加消费量。

（7）蛋类。2006 年城镇居民人均消费量 13 千克，农村居民 10.10 千克；2013 年城镇居民的人均消费量增加到 14.62 千克，而农村居民则减少到 7.86 千克。整体来看城镇居民的人均蛋类消费量高于农村居民。

（8）蔬菜。2006 年城镇居民人均蔬菜消费量 136.70 千克，农村居民只有 99.63 千克；2013 年城镇居民 106.83 千克，农村居民只有 63.65 千克。城镇居民和农村居民的人均蔬菜消费都出现了减少。但城镇居民的消费量高于农村居民。

（9）水果。2006 年城镇居民消费量 63.70 千克，农村居民消费量 18.08 千克；2013 年城镇居民消费量 64.44 千克，农村居民消费量 32.63 千克。城镇居民的人均水果消费量远高于农村居民。

（10）酒类。城镇居民和农村居民的人均酒类消费大致相当，在 2006 年和 2013 年的消费量也基本维持一致，都保持在 6 千克左右。

从总体来看，城镇居民对猪牛羊肉、奶类、家禽、水产品、蔬菜、食用植物油和水果的消费量比较多，而农村居民仍是以粮食消费为主，蔬菜、蛋类消费大致与城镇居民相当。

表 6-4　重要年份城镇和农村居民人均食品的土地需求　　单位：米^2

食品	城镇		农村	
	2006 年	2013 年	2006 年	2013 年
粮食	148.58	173.90	388.90	266.97
食用植物油	89.71	117.68	51.67	74.90
肉	130.15	169.05	64.70	78.91
水产品	13.25	16.27	5.12	6.74
奶制品	18.02	21.10	1.43	4.13

(续表)

食品	城镇		农村	
	2006 年	2013 年	2006 年	2013 年
蛋	86.12	92.87	66.91	49.93
酒类	7.95	8.41	8.65	8.17
蔬菜	36.99	26.22	26.96	15.62
水果	15.49	12.67	4.40	6.41
人均土地总需求	535.36	638.17	420.26	289.00

在表 6-4 中，2006 年，城镇居民人均土地需求 535.36 米^2，农村居民只有 420.26 米^2，差距 115.10 米^2；2013 年城镇居民人均土地需求增加 638.17 米^2，农村居民只有 289.00 米^2，差距增大为 349.17 米^2；城镇居民的人均土地需求高于农村居民，且差距不断增大。2006—2013 年，河南省的城镇居民人均土地需求是增加的，这主要与城镇居民人均粮食、食用植物油、肉类、水产品、奶制品、蛋和酒类的消费量不断增加有关。从消费结构来看，城镇居民消费结构基本维持一致，只有蔬菜的人均消费量在 2006—2013 年出现了小幅减少，因此，城镇居民人均土地需求主要是由食品消费量的增加而导致的。

与此相反，2006—2013 年农村居民人均土地需求量减少了 131.26 米^2。其中粮食、蛋、蔬菜的消费量出现了下降，其中粮食消费量大幅度下降，而食用植物油、猪牛羊肉、奶制品、水产品和水果的消费量都出现了增加；因此我们可以推测河南省农村居民人均土地需求的变化主要与粮食消费的大幅度减少有关。尹凤雨等（2016）认为，随着农村人口不断涌入城市，农村居民中老人占比增加，所以人均粮食消费也趋向于老龄化。因此，随着时间增加，农村居民人均土地消费量的减少也跟这个有一定关系。另外，由于农村劳动力强度下降，热量消耗减少，粮食消费显著下降，而其他食品的消费增长幅度不够大，所以从总体来看，农村居民人均土地总需求出现了下降。

6.5 河南省省会郑州市与中小城市城镇人口人均粮食消费和土地需求的比较

城镇化的发展是分阶段的，因此，我们将通过比较研究来分析不同程度的城镇化对城镇居民人均粮食消费和人均土地消费的影响。郑州是河南省的省会城市，也是河南省经济发展最好的城市；开封、漯河和三门峡属于河南省城镇化水平较低的城市。我们主要对这4个城市的人均食品消费和人均土地需求进行比较。

一般来说，城镇化程度越高，零售系统越发达、外资参与度越高、奶制品广告也越多，居民生活方式和职业构成就与大城市更为接近，食物消费结构中畜产品的比例会更高，因此，人均土地需求更多。我们对郑州、开封、漯河和三门峡的2006年与2013年的人均食品消费进行比较，并通过间接粮食消费与农作物土地需求的信息转换得到2006年和2013年4个城市城镇居民的人均土地需求。

表6-5是2006年与2013年郑州、开封、漯河和三门峡4个城市各类食品消费量的比较。

表 6-5　重要年份各城市城镇居民人均食品消费　　　　　单位：千克

食品	2006 年				2013 年			
	郑州	开封	漯河	三门峡	郑州	开封	漯河	三门峡
粮食	75.79	75.79	72.90	76.54	79.71	76.00	49.71	78.00
食用植物油	8.10	8.18	7.10	6.09	13.80	10.50	10.40	9.40
鲜菜	134.68	150.33	142.90	120.38	124.30	98.00	103.80	109.60
猪牛羊肉	21.91	13.26	15.60	14.23	24.00	14.30	23.20	13.80
家禽	4.77	3.81	7.40	3.14	7.60	4.60	6.40	4.20
蛋	12.93	12.70	13.60	11.12	15.60	13.50	12.00	11.70
水产品类	5.83	5.65	3.90	2.60	7.60	4.60	4.10	2.90
酒类	3.56	15.48	4.00	4.17	7.90	8.50	10.30	3.20
鲜奶	27.86	19.48	9.70	12.21	23.90	13.70	10.80	10.10

资料来源：2007 年和 2014 年的《郑州统计年鉴》《开封统计年鉴》《漯河统计年鉴》《三门峡统计年鉴》。

（1）粮食。2006 年，4 个城市城镇居民的人均粮食消费大致相同均在 75 千克左右，而在 2013 年漯河的城镇居民人均粮食消费大幅度减少到 49.71 千克，其余城市的城镇居民人均粮食消费小幅度增加到 76 千克以上；郑州、开封和三门峡 3 个城市 2006—2013 年粮食消费量均出现增加，但是漯河在这 7 年中粮食消费量出现下降，且数量比较多。

（2）食用植物油。2006 年郑州、开封的人均食用植物油消费量均达到 8.10 千克，漯河 7.10 千克，三门峡 6.09 千克，4 个城市间差距并不算太大；到 2013 年，郑州的人均消费量达到 13.80 千克，开封和漯河的消费量均达到 10 千克，三门峡的城镇居民人均食用植物油消费量也达到 9.40 千克。郑州、开封、漯河和三门峡 4 个城市的城镇居民人均食用植物油消费量 2006—

2013年均出现增长。其中郑州城镇居民的人均消费量涨幅最多，达到5.7千克。

（3）鲜菜。2006年4个城市城镇居民的人均鲜菜消费量均达到120千克以上，其中开封最高150.33千克，三门峡最低120.38千克；2013年4个城市的居民人均鲜菜消费量只有郑州达到124.30千克，其余的城市城镇居民人均鲜菜消费量都维持在100千克左右。4个城市的城镇居民人均鲜菜消费量2006—2013年均出现减少，其中开封从2006年150.33千克减少到2013年98.00千克，减幅是4个城市中最明显的，达到52.33千克。

（4）猪牛羊肉。从2006年来看，郑州的人均牛羊肉消费量最高达到21.91千克，其余城市城镇居民人均牛羊肉消费量15千克左右；2013年，郑州、漯河的人均消费量达到23千克以上，开封和三门峡的城镇居民人均消费量在14千克左右。郑州、开封和漯河对于猪牛羊肉的人均消费量2006—2013年是增加的，其中漯河增长幅度最高，从2006年15.60千克增长到2013年23.20千克，增长7.60千克；其余城市的城镇居民人均消费量基本一致。三门峡城镇居民人均牛羊肉的消费量出现了微量减少。

（5）家禽。2006年人均家禽消费量除漯河达到7.40千克，其余城市的人均家禽消费量4千克左右；在2013年，郑州的人均家禽消费量达到7.6千克，除了漯河城镇居民的人均消费量减少到6.4千克，其余城市的人均消费量均保持在4千克左右。郑州、开封和三门峡的城镇居民人均家禽消费量均出现增加，其中郑州从 2006 年 4.77 千克增长到 7.60 千克，增加幅度最大，为 2.83 千克。漯河城镇居民人均家禽消费量出现了减少，从 2006 年 7.40 千克减少到 2013 年 6.40 千克。

（6）蛋。2006 年漯河的人均蛋类消费量最高 13.60 千克，其余城市均保持在 12 千克左右；在 2013 年郑州的人均蛋类消费量达到 15.60 千克，其余城市还是基本维持在 12 千克左右。除漯河外，3 个城市城镇居民的人均蛋类消费量均出现增长。从整体来看，4 个城市 2006—2013 年的人均消费量变化都不大。

（7）水产品类。2006 年郑州与开封的人均消费量 5.50 千克以上，漯河 3.90 千克，三门峡的人均消费量 2.60 千克；2013 年，郑州的人均水产品消费量达到 7.60 千克，漯河和开封保持在 4 千克之上，三门峡的人均消费量也达到 2.90 千克。2006—2013 年，除了开封，其他城市城镇居民人均水产品消费量均出现增长。

（8）酒类。可能由于各个城市的酒类文化不大相同，对于 4 个城市来说酒类的消费变化比较大。2006 年郑州、漯河的酒类人均消费均在 4 千克左右，开封 15.48 千克，三门峡 4.17 千克；2013 年郑州的酒类人均消费 7.60 千克，漯河 10.30 千克，开封达到 8.50 千克，三门峡 3.20 千克。

（9）鲜奶。从 2006 年来看，郑州的人均鲜奶消费量最高，为 27.86 千克，开封 19.48 千克，漯河 9.70 千克，三门峡达到 12.21 千克；2013 年郑州的人均鲜奶消费量仍占据最高，为 23.90 千克，开封13.70千克，漯河10.80千克，三门峡10.10千克。除了漯河的人均鲜奶消费出现了增加，其余城市郑州、开封和三门峡的城镇居民人均鲜奶消费量均出现减少，其中开封的减少幅度最大，从2006年19.48千克减少到2013年的13.70千克。

从总体来看，2006年，4个城市的人均食品消费量差距不是很大，但是三门峡在与其他3个城市的人均消费量进行比较时，总体处于最低水平，食用植物油、鲜菜、家禽、蛋、水产品的消费量都是最少的；2013年郑州的人均粮食、食用植物油、鲜菜、猪牛羊肉、家禽、蛋类和水产品的消费都是4个城市中最多的，增长幅度也比其他3个城市更大。而到了2013年，三门峡的人均食品消费总体水平依然最低，在4个城市中，三门峡城镇居民的人均食用植物油、猪牛羊肉、家禽、蛋、水产品以及酒类的消费量最少。

表6-6是郑州、开封、漯河和三门峡在2006年与2013年人均土地总需求的比较。从人均土地总需求的结构来看，2006年，郑州城镇居民人均土地总需求达到616.02米^2，高于开封521.69米^2、漯河548.23米^{2}和三门峡477.22米^2；郑州城镇居民在肉类、奶类的人均土地需求远高于其他城市的人均土地需求，其余的食品土地需求与其他城市相当。2013年郑州城镇居民人均土地总需求达到715.45米^2，这时候开封、漯河和三门峡人均土地需求量分别是539.47米^2、557.40米^{2}和499.44米^2，这主要与郑州城镇居民的人均食用植物油、肉类、蛋类、奶类和蔬菜的消费量大幅度增加有关。从总体来看，4个城市的城镇居民食品消费结构变化不大，特别是粮食、肉类、蛋、奶、水产品的具体变化

数量并不明显。

2006—2013年各个城市的城镇居民人均土地总需求变化来看，4个城市的人均土地总需求都出现了增长，其中郑州从2006年616.02米^{2}增加到2013年715.45米^2，增长幅度最大达到了99.43米^2，这与郑州作为河南省的省会，城镇化不断发展、经济水平显著提高有很大关系；不管是2006年还是2013年，郑州的城镇居民人均土地总需求都是4个城市中最高的，且他们之间的差距在不断拉大。

表6-6 重要年份各城市城镇居民人均食品的土地需求　　单位：米^2

食品	2006年				2013年			
	郑州	开封	漯河	三门峡	郑州	开封	漯河	三门峡
粮食	139.47	136.80	134.16	140.85	140.66	134.11	87.73	137.64
食用植物油	96.89	95.97	84.93	72.85	158.28	120.43	119.29	107.82
肉类	196.39	123.25	169.30	127.86	223.05	133.40	208.93	127.05
蛋	85.66	82.53	90.10	73.67	99.10	85.76	76.23	74.33
奶	32.81	22.50	11.42	14.39	26.99	15.47	12.20	11.81
水产品	21.46	20.40	14.35	9.57	26.82	16.23	14.47	10.23
酒类	6.89	20.12	5.30	5.53	10.04	10.80	13.09	4.07
蔬菜	36.44	20.12	38.67	32.50	30.51	23.25	25.48	26.90
人均土地总需求	616.02	521.69	548.23	477.22	715.45	539.47	557.40	499.44

6.6　城镇化对粮食消费的影响因素及路径分析

通过对2006年和2013年的数据进行分析，从重要食品消费量上看，城镇居民的大部分人均食品消费量高于农村居民，但对于人均粮食消费，城镇居民的消费量一直低于农村居民。从重要食品消费量的结构上看，城镇居民的人均食品消费结构没有发生根本的改变，但消费数量均出现增加；农村居民的食品消费结构发生了改变，其中人均粮食消费出现了大幅度的减少，而其他食品消费量出现了增加。

为了更好地从直观上进行比较，我们将居民人均重要食品的消费折合成人均土地需求进行分析，农村居民的土地需求是不断减少的，城镇居民的土地需求是不断增加的。从人均土地需求的比较来看，城镇化发展对农村居民的消费造成了负面影响。河南省是人口流出大省，而且是重要的农民工输出大省，农村只留下大量的老人和小孩，农村居民消费减少应与此有关；随着城镇化发展，一定程度的机械化普及，农村体力劳动强度下降，热量需求减少，这些原因都造成了农村居民人均土地需求出现了下降。

城镇化会导致农村人口不断向城镇聚集，农村人口减少、城镇人口增加，而城镇人口的人均土地需求与农村人口相比高一倍多，随着城镇化的发展，河南省粮食消费将会增加，从而给粮食安全增加压力。

城镇的发展水平会对居民人均粮食需求产生影响，城镇化发展越好，居民人均粮食消费越高。从郑州、开封、漯河和三门峡这4个城镇居民人均重要食品的消费量比较来看，郑州作为省会城市，城镇化发展的程度最高，有更高的食品支出弹性，人均重要食品中奶蛋肉类的需求量最大，占总消费食品的比重也越来多，折合计算出的人均土地需求也是4个城市中最多的。从数据来看，2006—2013年，4个城市的人均食品消费量都是增加的，从而人均土地需求量也在不断增加。所以我们认为城镇居民的消费结构受到了城镇的发展程度的影响，郑州作为省会城市，人均土地需求远高于其他城市，这与近些年大量劳动力密集型产业的内迁，城镇化发展程度更高，零售体系、广告、文化以及经济增长、消费活动等也发生了变化，所以会对居民的食品消费产生正相关的影响。河南省作为人口大省，粮食消费基础大，随着中部省份非农业的不断发展，城镇化也在不断迅速发展，这会不断提高居民的食品消费。发展程度越高的城市吸引人口的能力也越强，郑州吸引居民的能力强于其他城市，而郑州居民的人均食品消费是高于其他城市的，这可能意味着随着城市发展越好，吸引居民越多，居民粮食消费的增加速度也会越快，对粮食安全的压力也会越来越大。

粮食消费是粮食安全中重要的一方面。城镇化的发展使大量农村人口进入城市成为城镇居民，而不同发展程度的城市对居民人口的吸引能力不同，发展程度越高的城市吸引人口的能力越强，不仅会吸引农村居民还有其他中小城市的居民。随着城镇化的不断发展，农村居民因为人口结构改变等因素人均粮食需求下降，而城镇居民的人均粮食消费增加，同时农村居民减少，城镇居民增多，总体居民的粮食需求不断增加。从城镇角度来看，城镇化发展程度越高的城镇吸引居民的能力越强，拥有的居民数也就越多，而发展程度越高的城镇居民人均粮食消费量也越高，所以随着城镇化的深入发展，城镇居民自身的人均粮食需求也是在加速增加的。

综上所述，城镇化的发展增加了粮食需求，对粮食安全形成了压力。同时，随着消费水平的提高，居民对粮食的要求会越来越高，这意味着食品需要从质量上进一步提升，这应该会对人均土地需求产生更大的压力。随着城镇化的发展，新能源等的产生，工业用粮也会不断增加。城镇化的发展会提高总体居民的食品消费，居民的消费结构和消费数量都会产生变化，从而增加居民的土地需求，从而对粮食安全产生压力。

6.7 关于未来食品的土地需求和粮食安全的讨论

研究发现，河南省的城镇化发展增加了居民对粮食的需求。河南省作为中部重要的经济大省、人口大省和粮食主产区的核心产区，近些年经济增速很快，但是城镇化率长期低于全国水平，城镇化水平提升存在较大空间，未来城镇化预计也将提速，粮食需求将显著提高，这会对人口、土地和经济发展产生巨大的影响。

从粮食消费来看，在1988—2014年，河南的城镇与农村居民家庭人均食品消费的结构和数量都在发生变化。一方面，由于城镇化的进程，越来越多的人将进入城镇，饮食习惯也将向城镇居民转变，对除谷类外其他食品需求量将增加；另一方面，由于经济水平增长以及受城市消费文化等方面影响，农村居民的饮食习惯也发生较大变化,对于肉、蛋、奶和食用植物油的需求也在增多,这也会增加对其他食品的需求量增大;由于各个食品的饲料转换率不同,居民饮食结构中肉、蛋、奶、油等食品量的增加,将导致粮食生产对土地的需求量增加。所以,我们认为随着城镇化的发展,对于除粮食外的食品需求量将增大,这将会给土地需求带来更大的压力。

我们利用饲料转换率和土地需求表将人均重要食品消费转换成人均土地需求对 2006 年和 2013 年数据进行分析比较。对于河南省来说,城镇化的发展使大量农村人口进入城市成为城镇居民;而处于不同城镇化水平的城市对人口的吸引能力不同,发展水平越高的城市吸引人口的能力越强。随着城镇化的不断发展,农村居民因为人口结构改变等因素造成人均直接粮食消费的需求大幅度下降,虽然农村居民的人均非粮食消费在一定程度增加了,但是农村居民人均土地需求随着城镇化的发展是下降的,而城镇居民的人均重要食品消费总体人均土地需求增加了。城镇化发展会不断增加粮食的需求,从而对河南省的粮食安全产生压力。

从我们的结论来看,未来居民的直接粮食消费数量会增加,但是增加幅度不会很多。然而,由于水果、蔬菜、肉、蛋、奶等农产品的消费不断增加,间接粮食消费会大幅度增加。随着城镇化程度越来越高,居民的收入水平越来越高,对消费食品的质量要求也会越来越高,同时工业粮食消费量也会不断提高;所以从总体来看,未来的粮食需求会不断增加,从而给粮食安全带来压力。

通过上述研究可以发现,城镇化的快速发展对粮食生产造成了负面的影响,同时又增加了对粮食的消费,从而危及粮食安全。虽然现在国外粮食价格低廉、供给充裕,但是从长期来看,我国拥有大量人口,大规模的粮食进口战略会存在粮食禁运、粮价上涨等风险的存在。所以,我们必须高度重视粮食主产区城镇化快速发展对粮食安全的影响,加强相关科学研究和政策创新,保障国家粮食安全。

6.8 结论

本章对河南省居民的重要食品消费量进行了两组对照分析,一组对照分析河南省城镇居民重要食品消费量与农村居民重要食品消费量的差异;另一组对照分析河南省省会城市郑州居民重要食品消费量与一般地级市开封、漯河和三门峡等居民的重要食品消费量的差异。在河南省城镇居民与农村居民的消费对照比较中发现,从食品的消费量上看,除了人均粮食消费,其他城镇居民的人均食品消费量均高于农村居民;从食品消费结构上看,城镇居民的人均食品消费结构没有发生重大变化,而农村居民消费结构发生较大变化,人均粮食消费出现大规模下降。从省会城市郑州和其他一般地级市的对照比较中发现,总体上讲,4个城市的人均食品消费量差距不是很大,但是省会城市郑州在多数食品消费量上都是高于其他地级城市的,如果单纯地看各个食品的消费水平，省会城市郑州与其他地级城市的食品消费并没有特别显著差异。为了更好地分析4个城市的食品消费特征，我们把对各个食品的消费量折合成最终的土地需求，就会发现省会城市郑州居民的人均土地需求明显高于其他3个城市的人均土地需求，而且随着经济的发展，这种差距还有进一步扩大的趋势。

河南省居民人均食品消费量的数据分析结果说明，城镇化会对居民人均粮食需求产生巨大的影响。总体来说，随着经济水平和城镇化水平的提高，城乡居民食品消费需求具有以下3个明显的特征：①城乡居民的人均粮食需求都在增长，而且增长速度相对较快；②城镇居民的人均土地需求量高于农村居民的人均土地需求量，而且农村人均最终土地需求甚至不到城镇居民的一半；③尽管城镇化水平不会对于城市居民的人均重要食品消费结构产生巨大的影响，但是城镇化水平却严重地影响人均土地需求，而且城镇化水平越高，人均土地需要也越高。

根据我国目前的城镇化发展现状，城镇化水平越高的城市，城市的综合条件也越好，因此，城镇化水平越高的城市对于人口的吸引能力也越强，发展程度好的城市不仅会直接吸收农村居民，也会吸引其他中小城市的居民。通过对比河南省省会城市郑州和其他3个地级城市的人均食品消费量可以发现，城镇化水平高的城市不但吸引居民的能力强，拥有的居民人数多，而且城镇化水平越高的城市人均粮食消费量也越高，这也说明随着城镇化的深入发展，城镇居民的人均粮食需求是加速增长的。

河南省的数据分析告诉我们，随着河南省城镇化水平的不断提高，河南省的粮食需求将不断提高，而且增速也会不断加大。快速推进的城镇化必将迅速提高河南省对于粮食的需求，在河南省粮食生产能力无法迅速提高的情况下，必将影响河南省粮食的调出量，增加全国粮食需求危机，不利于全国粮食安全的维护。而且随着城镇化的发展以及工商业的发展，工业以及饲料行业对于粮食的需求也会日益增长，这将会进一步推高粮食需求量，粮食安全问题不容乐观。

作为全国粮食产量最高的粮食主产区，河南省快速推进的城镇化进程不但会影响粮食的生产，更会显著地影响粮食的需求，并深刻地影响全国的粮食安全问题。城镇化会对河南省的粮食生产和消费产生重大的影响，这种影响不单单发生在河南省，也发生在全国的其他粮食主产区中，而河南省作为13个粮食主产区中粮食产量最大的区域，同时也是城镇化率最低的省份，河南省城镇化对于粮食生产和消费的影响必然具有典型性，因此，必须高度重视河南省城镇化快速发展对粮食安全的影响，加强相关科学研究和政策创新，才能更好地保障国家粮食安全。

7 粮食主产区城镇化过程中保障粮食安全的政策和措施

7.1 解决粮食主产区城镇化进程中农业用地减少问题的措施

解决粮食主产区城镇化进程中农业用地减少问题,需要构建一套城镇化与粮食产销安全协调化发展的良性互动机制。

7.1.1 坚守耕地保护红线,管控保护优质土地

土地作为粮食生产的基本要素,保护耕地资源对于保障粮食安全起着基础性作用。十届全国人大四次会议通过的《国民经济和社会发展第十一个五年规划纲要》提出,18亿亩耕地是具有法律效力的约束性指标,是不可逾越的红线,预计到2040年或2050年,我国人口将达到15亿~16亿。综合考虑人均耕地、人口、土地利用、耕地后备资源、粮食需求等因素,18亿亩耕地是保障粮食安全的底线。同时提出了"已经确定的耕地红线绝不能突破,已经划定的城市周边永久基本农田绝不能随便占用""两个绝不能"的规定,这是国家从政策层面做出的重要策略。

从具体实施措施上,还应做到以下几点。一是健全全国耕地质量等级评价体系,并对不同等级质量的耕地采取差异性对待的

方式。质量水平高的耕地要加以保护，划定为永久基本农田保护区，不得开发与破坏；质量水平较差的耕地要加以改造或休耕，种植适宜的作物。另外，通过信息技术强化对各地耕地数量和质量进行动态监测和宏观调控。二是加强农业从业者对于耕地的保护意识。积极向农户宣传将以往传统的、粗放型的耕作方式转变为合理的、可持续的耕作方式，注重地力的培育和提高耕地的质量。三是将耕地保护责任落实到具体基层负责人，增加耕地保护考核绩效。尤其是在粮食主产省份和城市郊区，改变单一经济考核指标，将耕地保护与生态环境保护放在同等位置，进一步严厉打击违法买卖农民土地行为。四是各地根据耕地质量、数量来确定好耕地占用税的税率。经营者占用耕地所支付的税额资金列为农业发展资金，可用于提高耕地质量、生态环境修复等用途。

7.1.2 提升适度规模经营，提高土地集约利用水平

农业适度规模经营是转变传统农业经营方式、发展现代农业的必由之路。在我国耕地数量有限、资源环境约束条件下，则应提高土地的利用率。一是坚持家庭承包责任制不能动摇。事实证明，小农户经营是适合我国农业发展实际的重要的经营方式。保证农民获得公平的土地经营权是保证农民基本生活保障、维系农村社会稳定的基础。二是要因地制宜、注重实际、分类施策，支持不同形式的农业适度规模经营。结合各地资源禀赋、产业发展、社会经济的实际，充分考虑农民意愿选择合适的、多样的经营方式，政府在宏观上加以引导，减少盲目的政策干预。在粮食

主产区推行粮食生产适度规模经营试点区，以点带面，积累有益的经验，推广成熟做法、新模式和机制。三是加强社会化服务体系。要逐渐突破仅仅局限于同意购买生产资料层次，逐步扩展到农业生产规划、提供病虫害防治服务、机械化服务等技术性和管理型服务方面。加快构建以公共服务机构为依托、合作经济组织为基础、龙头企业为骨干、其他社会力量为补充，公益性服务和经营性服务相结合、专项服务和综合服务相协调的新型农业社会化服务体系。四是土地流转市场的完善。农业适度规模经营的重要表现形式之一就是土地的适度规模集中和经营。开展土地流转信息服务平台，将相关政策准确及时地传达到农民。将闲置的土地通过置换、协议收回等方式集中起来，以集中"促"集约。五是在一些经济发达、耕地资源相对丰富的平原地区继续推行农业机械化生产，用现代机械技术和生物技术改造传统农业等手段促进农业用地的集约化利用，实现提高土地生产率和劳动生产率并重。

7.1.3 健全对粮食主产区的利益补偿机制

粮食主产区为保障我国粮食安全做出了巨大贡献，但存在着经济发展水平落后、粮食主产区地方政府的财政负担大的问题。减轻粮食主产区的经济压力，积极健全粮食主产区的利益补偿机制。一是要明确利益补偿机制的目标。制定利益补偿的长短期目标和阶段性规划，根据目标采取有侧重点的政策。二是加强国家对粮食主产区的财政转移，增加主产区的公共财政收入，完善对粮食主产区的利益补偿资金的形成机制，根据农业生产资料的价格上涨、市场变化，农业生产成本来调整提高农资综合补贴的标准，扩大补贴范围，逐步加强对粮食主产区的扶持力度，从而增加粮食主产区生产粮食的动力和能动性，构建粮食主产区经济发展的长效机制。三是拓展对粮食主产区的利益补偿资金来源。除了中央财政的投入以外，鼓励社会资金支撑农业生产，也可申请世界银行等国际机构提供的农业生产项目贷款。另外，建立产销地区的利益联结机制。秉承"谁受益，谁补偿"的原则，粮食主销区每年拿出部分资金对粮食主产区进行补偿。四是通过利益补偿机制激发粮食主产区的内部活力。除了直接的良种补贴、农机具购置补贴、生产者补贴，要将更多的资金投入到增强粮食生产能力建设以及农业教育、科技和社会化服务中去。将"输血式"补偿提升为"造血式"能力。五是加强对财政资金、社会资金等支农资金的监督和管理。对支农资金收支来源和去向严格审查，专项专用，严禁挪用和贪污现象的发生，保证好财政支农资金"用之于农"。

7.1.4 加强对农村基础设施的修建和完善

农村基础设施是提高农业生产能力的重要物质基础。为了适应和匹配新农村建设，需要逐步加强对农村基础设施的建设与完善，使其与现代农业经营方式、农民现代生活方式相适应。一是在粮食主产区生产方面，要提高农村生产性基础设施建设水平，包含中低产田改造、农田水利设施建设、粮食仓储建设、交通物流设施建设等内容。粮食主产区应开展农田水利工程的排查工作,对于已超过规定使用年限或老化失修严重的农田水利工程进行整修或重建;发展节水灌溉,采取低压输水管灌、微灌、水肥一体化的灌溉施肥系统,提高灌溉的保证率,逐步使农业摆脱靠天吃饭的局面。通过增施有机肥、化学改良、粮草轮作、粮肥轮作等生物工程提高土壤肥力、改造中低产田,提高农田抵御自然灾害能力。二是在粮食主产区制定农产品集散地建设整体规划,整合农产品交易市场,成立统一管理机构,建立粮食产品集散地。三是加强职能分工,重视基础设施规划和实施,采取分阶段、有步骤地推进相关工作。相关部门相互协调、相互配合,明确好责任划分,避免重复建设,加强对农村基础设施建设实施宏观指导与管理。要充分尊重农民意愿,实行民主决策、民主管理和民主监督。

7.2 减少高素质劳动力流失、提高农民能力的措施

通过构建一套有利于激励高素质劳动力留在主产区从事粮食生产的政策扶持和收入持续倍增机制,减少高素质劳动力流失、提高农民能力。

7.2.1 改善农村生产生活环境,吸引劳动力返乡务农

减少青壮年劳动力外出务工,要大力改善农村的生产生活环境,缩小城乡居民的生活水平差距,促使公共资源的均等化,建设美丽新农村。一是在充分调动农民主动性的基础上,政府加强

引导。粮食主产区要切实改善农民的生活条件。坚持农民的主体地位不动摇，尊重农民意愿，发挥其创造性与积极性。政府要做好统筹规划与指导，明确好各级政府的职责和义务，结合本地实际，量力而行。乡村环境整治要突出重点，从住房、饮水、交通、垃圾整治、污水处理等关乎农民基本生活保障的环节发力，从硬件设施上改善农村人居环境、提高农民生活质量。二是加强农村文化建设，宣传科学思想，摒弃封建迷信。部分农村地区仍保留着许多不利于农村发展进步的传统思想。要想农村彻底改变落后的现状，则要使农民从思想层面逐步转变。三是加大资金投入。农村生产生活环境的改善需要公共财政资金的覆盖以外，还需社会资金的注入，调动一切积极因素。允许一部分以盈利为目的的民营资本进入农村公共服务供给领域，建立民间互助合作组织、民间公益组织都可以进入农村公共服务体系，弥补政府资金的不足。通过将各类资金集中起来办大事、办实事，形成建设农村的强大合力。四是健全农村公共服务体系，包括基本的公共卫生服务体系、社会保障体系、救助体系等。农民人均收入低于城镇居民，农村居民所享受的教育、养老、医疗等公共服务落后于城市是导致青壮年劳动力外出务工的关键因素。只要城乡二元结构存在，则农村青壮年劳动力外流现象依然存在。所以应将城市公共服务资源继续向农村倾斜，实施生产要素下乡工程，使城乡居民能享受到平等的、优质的公共资源。

7.2.2 建立创业农民支持体系，落实创业农民扶持政策

为改变粮食主产区乡村凋敝的状况，同时结合党的十九大报

告中乡村振兴战略的推动，应尽快落实创业农民的扶持政策。发挥好创业型农民的辐射带动作用，使其成为发展现代农业的主力军，壮大乡村振兴、新农村建设的人才力量。农民在创业过程中会在资金、市场信息和技术获得方面遇到问题，则要发挥政策的作用。一是加强政策扶持农民创业的支持力度，为创业农民提供各种支农惠农补贴和项目，设立创业农民支持专项资金。通过投标竞争的方式，筛选竞争力强的农民创业项目，给予相应的资金扶持。充分利用当地资源优势，发挥政府宏观调控和市场调节的双重作用，提高就业机会增加农民的经营收入。二是简化银行信贷程序，适度放宽贷款权限。目前商业银行贷款需要抵押贷款，审批手续复杂，无法满足农民创业初期的资金需求。农村合作金融机构仍然要继续发挥农村金融服务主力军的作用，创新激励机制与工作机制，开发适合农民创业适用的金融产品，提高贷款的有效投入。在农村集体土地所有权确权完成的工作基础上，探索将农村宅基地与集体建设用地使用权抵押贷款，盘活农村资产。三是建立农民创业平台并开展试点建设，在条件较为成熟的粮食主产区形成农民创业基地。将资金、人才等资源集中起来，形成创业合力，并推动其他地区农民创业。

7.2.3 加强新型农业经营主体扶持和对职业农民的技能培训

人是生产力中最活跃的因素，农民的整体素质决定着粮食主产区农业的整体发展水平。要不断加强对新型农业经营主体和职业农民的培训和再教育，使其不断提高自身的文化水平、懂技术、会经营。一是建设上达省（市）、下至农村的培训体系，构建多层次、多元化、全方位的适用教育平台。针对不同经济发展条件、不同地区的农民提供不同的教育内容，注重培训的多样化，满足农民需求。二是整合教育培训资源。政府、科研院所、农业企业、具有教育资格证的教育机构都可纳入农民培训体系中来。将商业性培训和公益性培训相结合，从农民需求出发，培训给农民所需要的农业技术、市场信息等技能。三是完善培训制度。为最大程度地发挥培训的功能和效益，建议对培训的期限、内容、等级资格认定进行规定，督促农民主动提高农业技能。并对有突出贡献的培训主体给予奖励，实现以奖代补。四是引导扶持新型农业经营主体。新型农业经营主体是实现小农户与现代农业衔接、小农户共同抵御市场风险的桥梁与纽带。通过适度增加新型农业经营主体的建设用地指标、开展农业合作保险试点等全方位政策支持新型经营主体的培育。要鼓励新型农业经营主体带头人积极参加职业教育与培训，鼓励有条件的新型农业经营主体积极引进各类专业人才。

7.2.4 延长粮食产业链条，促进三产融合发展

粮食主产区单一注重粮食生产，带动区域经济增长的能力较弱，只依靠生产环节是无法实现种粮农民收入的大幅度提升，所以要逐步实现粮食主产区粮食行业的生产、精深加工、储存的一体化全产业链经营模式。具体表现：一是通过"农业企业+农户"或"农业企业+农民专业合作社+农户"等方式，将粮食生

产的产前、产中以及产后各环节联结，实现一定程度的规模经营，重点扶持一批带动能力较强、具有较强影响力的农产品加工龙头企业，农业龙头企业通过收购农民的粮食进行深加工，可以提高粮食产品的附加值，并通过盈利返还、分红等方式增加农民的收入，带动农民致富；二是将粮食产业与农业内部其他产业相融合，如养殖业、林业等，如秸秆可用于饲料，而养殖所产生的粪便可转化为有机肥，发展循环农业，实现废弃物资源的再循环利用；三是统筹粮食主产区三大产业发展，将粮食产业与农耕文化、乡村旅游业、休闲农业进行交叉结合，提高粮食主产区的自我发展能力，延伸产业链条，将先进的生产要素推广应用到粮食产业中，拓宽农民的产业经营范围，增加收入渠道。

7.3 实现粮食供需平衡的措施

通过优化产销区的利益分配格局，解决粮食消费引起的供需变化带来的新问题，实现粮食供需平衡。

7.3.1 农业科技创新和农业技术推广政策

粮食生产方式的变革需要以高水平的农业技术为依托，农业供给侧结构性改革也离不开科技的支撑与参与。粮食主产区应加强农业科技创新和推广工作。一是增加对农业科技创新的财政资金扶持和支持力度。农业科技研发周期较长、受自然因素影响大、成功率低、所需资金量多。鉴于农业科技在第一产业中的重要性,以及农业科技落后于发达国家的事实。财政资金可以适度向农业科技倾斜,为农业科技研发提供资金保障。加强对农业科技经费的管理,使有限的资金发挥最大的效果。二是在种质资源研发要有所突破。粮食种质资源的质量决定着粮食作物的产量和质量,是实现我国农业可持续发展的基础。由于跨国农业集团在我国农业领域的渗透,我国种子市场逐步被外资所控制。为打破这一困境,提高粮食安全水平,要重视对粮食种质资源的科技创新,提高市场占有率。三是加强农业科技成果转化。建立农业科技成果转化平台,增强农业科技研发与农业生产之间的联系。增强对农业科技人员的科技成果转化评价,提高农业科技转化的积极性。四是建立健全农业科技推广队伍建设。新型农业经营主体、农业科研院所单位人员都可成为农业技术推广的有力主体。另外,建议国家增加基层农技推广人员编制数,吸收农业技术推广相关专业毕业生到乡镇农业技术推广站工作。优化基层农技推广机构的布局,使每个地区尤其是农业发达地区的农民都有机会接受农业技术推广服务,可以解决好农民在生产过程中存在的各种问题。

7.3.2 以消费者需求为导向调整粮食生产结构

我国城乡居民的食物消费结构已经发生显著变化,要以满足市场需求为导向,调整并优化粮食生产结构。一是调整种植业生产结构,促使粮食生产规模与粮食消费量相适应。粮食需求包含口粮需求、工业需求、饲料需求和种用需求。所以,粮食作物种植应在逐步提高粮食生产能力、稳定粮食产量的基础上，优化粮食作物、经济作物和饲料作物的种植结构，满足消费者对粮食及畜产品的需求。重点继续推进"镰刀弯"地区玉米调减、扩大粮豆轮作试点、扩大"粮改饲"试点范围工作，集中在粮食主产区尤其是优势生产区域内推动。将农业内部的粮食、经济作物的二元结构调整为粮食、经济、饲料作物的三元结构，注重饲料粮的生产与加工。通过提高饲草料生产、利用效率和收益，通过利益导向让农民得到实惠、调动农民发展"粮改饲"的积极性。培育和扶持集饲料粮生产种植、加工、销售、物流等于一体的大型企业，带动农民生产、促进饲料粮产业发展。二是发挥市场在资源配置中起基础性作用，减少低端、无效粮食产品生产，增加销路好、品质高、市场缺的优质农产品生产。三是注重粮食作物质量，建设优质粮食产品生产基地。在国家推行质量兴农、品牌兴农、绿色发展的背景下，加大高标准农田建设投入，重点向主产区倾斜。加强特色农产品优势区建设，做大做强特色农业品牌，提高农产品市场竞争力。

7.3.3 提高粮食的利用率和转化率

为进一步促进粮食产业的提质增效、粮农增收，要着力发展粮食产业经济。在粮食生产、流通、消费等领域，推进节粮减损工作，大力推广节粮减损的新设施、新技术、新装备，降低粮食损耗。一是鼓励和支持粮食主产区发展粮食精深加工。在保证我国城乡居民口粮消费的基础上，适度发展粮食燃料乙醇、淀粉类生物基塑料，增加粮食在化工、燃料、医疗保健等方面的应用。通过精深加工，也可以将超期储存、过多储备的粮食转化利用，提高利用率、减少损耗、降低成本。二是发展循环经济，加强粮食副产品的资源利用率。可利用稻壳开发生物质等新型能源、生物质材料；利用米糠、玉米芯开发保鲜米糠、稻米油等，从而实现低碳、环保与节能减排。三是在粮食加工过程中，督促企业合理控制加工精度，避免粮食产品的过度加工，提高成品粮的出品率以及副产品的综合利用率。目前我国小麦加工精制面粉的出品率为70%，稻米加工精制米的出品率约65%，都有提升空间。要改变粮食加工企业的经营观念，提倡适度加工，简化不必要的加工环节；提高农业加工技术水平，在加工、储存等环节控制粮食浪费问题。四是制定我国粮食产品加工的质量安全标准，既要与世界接轨，也要符合我国国情。对粮食原材料中所含的农药残留、加工成品中的各项指标进行监测，要从源头以及各环节保证我国消费者餐桌上的安全。

7.3.4 引导合理消费、绿色消费

消费是粮食生产的最终目的，也是整个粮食产业的最终环节。但是目前我国餐桌粮食浪费现象较为严重，对资源造成了破坏，对环境造成了污染。应该提高粮食再生利用率，这不仅能减少环境污染，还可以缓解粮食生产的压力。要采取适当的措施引导我国消费者形成适度消费、健康消费的观念。一是大力宣传厉行节约，在社会上形成良好风气。党的十九大报告指出，"倡导

简约适度、绿色低碳的生活方式，反对奢侈浪费和不合理消费。"通过学校教育、家庭教育、社会教育相结合的方式，从自身做起，相互影响。二是餐饮行业加强消费引导，树立起社会责任。降低或取消"最低消费"限制，鼓励消费者按需所取，鼓励打包行为。三是建立有效的"节约奖励、浪费惩罚"机制。消费者之间互相监督，对于浪费行为可以向相关机构进行举报；餐饮行业可以设立食物浪费的底线，如果消费者食物浪费超过此标准，则可对其进行处罚。而对节约食物的消费者可以减免收费，从而使消费者"不敢浪费"。四是反对食物的过度包装。粮食产品精深加工后，要使包装尽量简单、方便，避免在包装上大做文章。另外，由于快速的生活节奏，订购外卖已经成为许多白领、大学生群体的食物消费主要方式之一。由于垃圾分类意识淡薄，造成了过多的白色污染。尽量采取可降解的外卖包装，或是垃圾分类处理再循环利用，让消费者形成绿色消费观念。

参考文献

蔡玉梅, 任国柱, 1998. 中国耕地数量的区域变化及调控研究[J]. 地理学与国土研究, 14(3): 13-18.

陈锋正, 刘新平, 刘向晖, 2015. 河南省粮食生产存在的问题及解决途径分析[J]. 农业经济(12): 9-11.

陈锡文, 2013. 推动城镇化和农业现代化相互协调发展[J]. 中国党政干部论坛(6): 28.

陈笑, 张正河, 2015. 城镇化背景下我国城乡居民粮食消费结构分析[J]. 企业改革与管理(15): 193-194.

陈永红, 刘宏, 2013. 中国粮食中长期需求总量与结构分析预测[J]. 中国食物与营养, 19(1): 32-36.

樊琦, 祁华清, 2014. 转变城镇化发展方式与保障国家粮食安全研究[J]. 宏观经济研究(8): 54-60.

封志明, 李香莲, 2000. 耕地与粮食安全战略: 藏粮于土, 提高中国土地资源的综合生产能力[J]. 地理学与国土研究(3): 1-5.

辜胜阻, 1991. 非农化与城镇化研究[M]. 杭州: 浙江人民出版社.

郭剑雄, 2004. 城市化与粮食安全目标间的协调[J]. 农业现代化研究(4): 279-282.

郭剑雄, 2005. 人力资本的稳态转变与农业发展[J]. 西北大学学报(哲学社会科学版) (1): 55-59.

郭群鹏, 2012. 河南省农村劳动力转移存在的问题及对策研究[J]. 河南农业(14): 16, 22.

国家粮食局调控司, 2004. 关于我国粮食安全问题的思考[J]. 宏观经济研究(9): 6-9.

韩纪江, 孔祥智, 2005. 城镇化中农民失地的必然性及问题分析[J]. 经济问题(8): 51-53.

何蒲明, 王雅鹏, 黎东升, 2008. 湖北省耕地减少对国家粮食安全影响的实证研究[J]. 中国土地科学(10): 52-57, 63.

季建林, 2001. 当前我国农村经济的主要问题与出路[J]. 经济理论与经济管理(1): 70-72.

贾绍凤, 张豪禧, 孟向京, 1997. 我国耕地变化趋势与对策再探讨[J]. 地理科学进展, 16(1): 27-33.

蒋乃华, 辛贤, 尹坚, 2002. 我国城乡居民畜产品消费的影响因素分析[J]. 中国农村经济(12): 48-54.

焦晓云, 2015. 新型城镇化进程中农村就地城镇化的困境、重点与对策探析: "城市病"治理的另一种思路[J]. 城市发展研究, 22(1): 108-115.

鞠正江, 张志勇, 2001. 论城镇化进程中农村优秀劳动力的流失及其防治[J]. 中共济南市委党校济南市行政学院济南市社会主义学院学报(4): 87-90.

冷智花, 付畅俭, 2014. 城镇化失衡发展对粮食安全的影响[J]. 经济学家(11): 58-65.

李小春, 2014. 城镇化对中国粮食生产与需求的影响研究[J]. 南方农村, 30(11): 19-23.

李志强, 吴建寨, 王东杰, 2012. 我国粮食消费变化特征及未来需求预测[J]. 中国食物与营养, 18(3): 38-42.

李治国, 张竟竟, 郭志富, 2014. 基于耕地压力指数的河南省粮食安全状况研究[J]. 地域研究与开发, 33(2): 141-145.

刘成武, 李秀彬, 2006. 基于生产成本的中国农地利用集约度的变化特征[J]. 自然资源学报, 21(1): 9-15.

刘东阁, 2016. 城镇化与粮食生产效率[J]. 重庆文理学院学报(社会科学版), 35(1): 101-107.

刘亮, 章元, 高汉, 2014. 劳动力转移与粮食安全[J]. 统计研究, 31(9): 58-64.

罗幼喜, 李翰芳, 2007. 我国各地区城市居民食品消费结构的统计分析[J]. 湖北工业大学学报, 22(1): 81-83.

马喆, 张大为, 吴云勇, 2012. 中国农村居民消费率分析[J]. 长白学刊(1): 107-112.

彭荣胜, 覃成林, 2007. 发展中地区农村劳动力转移、第三产业发展与城市化关系分析: 以河南省为例[J]. 人文地理(3): 42-46, 17.

钱克明, 彭廷军, 2014. 我国农户粮食生产适度规模的经济学分析[J]. 农业经济问题, 35(3): 4-7, 110.

汝信, 付崇兰, 2012. 中国城乡一体化发展报告(2012) [M]. 北京: 社会科学文献出版社.

孙赫, 任金政, 2014. 基于ELES模型的中国城镇居民食品消费结构实证分析[J]. 农业展望, 10(7): 70-74.

谈明洪, 李秀彬, 吕昌河, 2004. 20世纪90年代中国大中城市建设用地扩张及其对耕地的占用[J]. 中国科学(D辑: 地球科学), 34(12): 1157-1165.

汪文忠, 2016. 我国城镇化进程中土地流转与粮食安全问题研讨[J]. 粮食问题研究(1): 42-44.

王恩胡, 李录堂, 2007. 中国食品消费结构的演进与农业发展战略[J]. 中国农村观察(2): 14-25.

王志刚, 李腾飞, 许前军, 2012. 渐进式还是突变式? 城镇居民食品消费结构转变规律研究[J]. 经济理论与经济管理(9): 32-39.

王志刚, 许前军, 2012. 探索农村食品消费结构的转变规律: 一个嵌入时间路径的 LA/AIDS 模型的应用[J]. 数量经济技术经济研究, 29(1): 50-64.

武拉平, 张瑞娟, 2011. 中国农村居民食品消费结构变化及趋势展望: 基于 1950—2010 年统计数据的分析[J]. 农业展望, 7(4): 53-58.

许高峰, 王运博, 2013. 城镇化进程中中国粮食安全问题研究[J]. 中国青年政治学院学报, 32(5): 120-127.

薛俊菲, 陈雯, 曹有挥, 2012. 2000 年以来中国城市化的发展格局及其与经济发展的相关性: 基于城市单元的分析[J]. 长江流域资源与环境, 21(1): 1-7.

尹风雨, 龚波, 王颖, 2016. 城镇化对乡村居民食物消费影响的实证研究[J]. 江淮论坛(3): 28-32, 45.

臧武芳, 潘华顺, 2001. 论粮食安全与城市化[J]. 社会科学(3): 11-15.

张永恩, 褚庆全, 王宏广, 2009. 城镇化进程中的中国粮食安全形势和对策[J]. 农业现代化研究, 30(3): 270-274.

赵展慧, 2016. 中国 10 万人口以上特大镇有 238 个镇改市, 究竟难在哪儿[J]. 农村·农业·农民(B 版) (9): 11-12.

钟甫宁, 向晶, 2012. 城镇化对粮食需求的影响: 基于热量消费视角的分析[J]. 农业技术经济(1): 4-10.

周竹君, 2015. 当前我国谷物消费需求分析[J]. 农业技术经济(5): 68-75.

周竹君, 张正河, 2014. 城镇化对我国粮食刚性需求影响的研究[J]. 粮食科技与经济, 39(6): 5-10.

朱会义, 李秀彬, 辛良杰, 2007. 现阶段我国耕地利用集约度变化及其政策启示[J]. 自然资源学报, 22(6): 907-915.

朱晶, 王倩, 2015. 江苏省粮食消费与粮食安全分析及预测[J]. 江苏农业科学, 43(12): 501-506.

ANGELSEN A, 1999. Agricultural expansion and deforestation: Modelling the impact of population, market forces and property rights[J]. Journal of development economics, 58(1): 185-218.

BALTAGI B H, BRESSON G, PIROTTE A, 2003. Fixed effects, random effects or Hausman-Taylor? A pretest estimator[J]. Economics letters, 79(3): 361-369.

BARLOWE R, 1978. Land Resource Economics[M]. Englewood Cliffs, NJ: Prentice-Hall, Inc.

BECKMANN M J, 1969. On the distribution of urban rent and residential density[J]. Journal of economic theory, 1(1): 60-67.

BOCKSTAEL N E, 1996. Modeling economics and ecology: The importance of a spatial perspective[J]. American journal of agricultural economics, 78(5): 1168-1180.

BOSERUP E, 1965. The conditions of agricultural growth[M]. London, U. K.: Allen & Unwin.

BOUMA J, BATJES N, GROOT J, 1998. Exploring land quality effects on world food supply[J]. Geoderma, 86: 43-59.

BREUSCH T S, PAGAN A R, 1980. The Lagrange multiplier test and its applications to model specification in econometrics[J].

The review of economic studies, 47(1): 239-253.

BRUECKNER J K, FANSLER D A, 1983. The economics of urban sprawl: Theory and evidence on the spatial sizes of cities [J]. The review of economics and statistics, 65(3): 479-482.

CHEN J, 2007. Rapid urbanization in China: A real challenge to soil protection and food security[J]. Catena, 69(1): 1-15.

CHEN Y, LI X, TIAN Y, et al., 2009. Structural change of agricultural land useintensity and its regional disparity in China[J]. Journal of geographical sciences, 19(5), 545-556.

CHENG J, MASSER I, 2003. Urban growth pattern modeling: A case study of Wuhan city, PR China[J]. Landscape and urban planning, 62(4): 199-217.

CHOW G C, 1994. Understanding China's Economy[M]. Singapore: World Scientific Pub Co Inc.

CONELLY W T, 1994. Population pressure, labor availability, and agricultural disintensification: The decline of farming on Rusinga Island, Kenya[J]. Human ecology, 22(2): 145-170.

DAVID T, CASSMAN K G, MATSON P A, et al., 2002. Agricultural sustainability and intensive production practices [J]. Nature, 418(6898): 671-677.

DEININGER K, JIN S, 2005. The potential of land rental markets in the process of economic development: Evidence from China [J]. Journal of development economics, 78(1): 241-270.

DELGADO C L, 2003. Rising consumption of meat and milk in developing countries has created a new food revolution[J]. The journal of nutrition, 133: 3907S-3910S.

参考文献

DENG X, HUANG J, ROZELLE S, et al., 2006. Cultivated land conversion and potential agricultural productivity in China [J]. Land use policy, 23: 372-384.

DENG X, HUANG J, ROZELLE S, et al., 2008. Growth, population andindustrialization, and urban land expansion of China [J]. Journal of urban economics, 63(1): 96-115.

DENG X, HUANG J, ROZELLE S, et al., 2010. Economic growth and the expansionof urban land in China[J]. Urban studies, 47(4): 813-843.

DING C, 2003. Land policy reform in china: Assessment and prospects[J]. Land use policy, 20(2): 109-120.

DONG F, FULLER F, 2010. Dietary structural change in China's cities: Empirical fact or urban legend? [J]. Canadian journal of agricultural economics, 58: 73-91.

DREWNOWSKI A, POPKIN B M, 1997. The nutrition transition: new trends in the global diet[J]. Nutrition reviews, 55: 31-43.

ERB K H, HABERL H, JEPSEN M R, et al., 2013. A conceptual framework for analysing and measuring land-use intensity [J]. Current opinion in environmental sustainability, 5(5): 464-470.

FAN S, ZHANG X, 2002. Production and productivity growth in Chinese agriculture: New national and regional measures [J]. Economic development and cultural change, 50(4): 819-838.

HAUSMAN J A, 1978. Specification tests in econometrics [J]. Econometrica, 46(6): 1251-1271.

HE C, OKADA N, ZHANG Q, et al., 2008. Modelling dynamic urban expansion processes incorporating a potential model with cellular automata[J]. Landscape and urban planning, 86 (1): 79-91.

HEERINK N, KUIPER M, SHI X, 2006. China's new rural income support policy: Impacts on grain production and rural income inequality[J]. China & world economy(14): 58-69.

HEIMANN L, ROELCKE M, HOU Y, et al., 2015. Nutrients and pollutants in agricultural soils in the peri-urban region of Beijing: Status and recommendations[J]. Agriculture, ecosystems & environment(209): 74-88.

HUANG B, SHI X, YU D, et al., 2006. Environmental assessment of small-scale vegetable farming systems in peri-urban areas of the Yangtze River Delta Region, China[J]. Agriculture, ecosystems & environment, 112(4): 391-402.

HUANG J, BOUIS H, 2001. Structural changes in the demand for food in Asia: empirical evidence from Taiwan[J]. Agricultural economics, 26: 57-69.

HUANG J, ROZELLE S, 2006. The emergence of agricultural commodity markets in China[J]. China economic review(17): 266-280.

JIANG L, DENG X, SETO K C, 2012. Multilevel modeling of urban expansion andcultivated land conversion for urban hotspot counties in China[J]. Landscape and urban planning, 108 (2-4): 131-139.

JIANG L, DENG X, SETO K C, 2013. The impact of urban expansion on agricultural land use intensity in China[J]. Land use policy(35): 33-39.

JIANG L, SETO K C, BAI J, 2015. Urban economic development, changes in food consumption patterns and land requirements for food production in China[J]. China agricultural economic review, 7: 240-261.

KAHRL F, LI Y, SU Y, et al., 2010. Greenhouse gas emissions from nitrogen fertilizer use in China[J]. Environmental science & policy, 13(8): 688-694.

KEYS E, MCCONNELL W J, 2005. Global change and the intensification of agriculturein the tropics[J]. Global environmental change, 15(4): 320-337.

LAMBIN E, ROUNSEVELL M, GEIST H J, 2000. Are agricultural land-use models able topredict changes in land-use intensity? [J]. Agriculture, ecosystems & environment, 82 (1-3), 321-331.

LI X, WANG X, 2003. Changes in agricultural land use in China: 1981–2000[J]. Asian geographer, 22(1-2): 27-42.

LI Y, ZHANG W, MA L, et al., 2013. An analysis of China's fertilizer policies: impacts on the industry, food security, and the environment[J]. Journal of environmental quality (42): 972-981.

LICHTENBERG E, DING C, 2008. Assessing farmland protection policy in China[J]. Land use policy, 25(1): 59-68.

LIN G C, HO S P, 2003. China's land resources and land-use change: insights from the 1996 land survey[J]. Land use policy, 20(2): 87-107.

LIU J, LIU M, DENG X, et al., 2002. The land use and land cover changedatabase and its relative studies in China[J].

Journal of geographical sciences(12): 275-282.

LIU J, ZHAN J, DENG X, 2005. Spatio-temporal patterns and driving forces of urban land expansion in China during the economic reform era[J]. Ambio, 34(6): 450-455.

LONG H, LIU Y, WU X, DONG G, 2009. Spatio-temporal dynamic patterns of farmlandand rural settlements in Su-Xi-Chang region: Implications for building anew countryside in coastal China[J]. Land use policy, 26(2): 322-333.

LONG H, TANG G, LI X, et al., 2007. Socio-economic driving forces of land use change in Kunshan, the Yangtze River Delta economic area of China[J]. Journal of environmental management, 83(3): 351-364.

LONG H, ZOU J, 2010. Grain production driven by variations in farmland use inChina: An analysis of security patterns[J]. Journal of resources and ecology, 1(1): 60-67.

MCGRATH D T, 2005. More evidence on the spatial scale of cities[J]. Journal of urban economics, 58(1): 1-10.

MOSES L, WILLIAMSON H F, 1967. The location of economic activity in cities[J]. The American economic review, 57(2): 211-222.

PHIMISTER E, ROBERTS D, 2006. The effect of off-farm work on the intensity of agricultural production[J]. Environmental and resource economics, 34(4): 493-515.

PINGALI P, 2007. Westernization of Asian diets and the transformation of foodsystems: Implications for research and policy[J]. Food policy, 32(3): 281-298.

参考文献

POPKIN B M, 1999. Urbanization, lifestyle changes and the nutrition transition[J]. World development, 27: 1905-1916.

POPKIN B M, DU S, 2003. Dynamics of the nutrition transition toward the animal foods sector in China and its implications: a worried perspective[J]. The journal of nutrition, 133: 3898S-3906S.

QU F, KUYVENHOVEN A, SHI X, et al., 2011. Sustainable natural resource use in rural China: Recent trends and policies[J]. China economic review(22): 444-460.

RAMANKUTTY N, FOLEY J A, OLEJNICZAK N J, 2002. People on the land: Changesin global population and croplands during the 20th century[J]. Ambio, 31(3): 251-257.

ROBINSON W, SCHUTJER W, 1984. Agricultural development and demographic change: A generalization of the Boserup model [J]. Economic development and cultural change, 32(2): 355-366.

ROSENTHAL S S, HELSLEY R W, 1994. Redevelopment and the urban land price gradient[J]. Journal of urban economics, 35(2): 182-200.

SCHNEIDER A, SETO K C, WEBSTER D R, 2005. Urban growth in Chengdu, western China: Application of remote sensing to assess planning and policy outcomes[J]. Environment and planning B: Planning and design(32): 323-345.

SETO K C, KAUFMANN R K, WOODCOCK C E, 2000. Landsat reveals China's farmland reserves, but they're vanishing fast [J]. Nature, 406(13): 121.

SHEN J, WONG K, FENG Z, 2002. State-sponsored and spontaneous urbanization in the Pearl River Delta of south China, 1980–1998[J]. Urban geography, 23(7): 674-694.

SHI X, HEERINK N, QU F, 2011. Does off-farm employment contribute to agriculture-based environmental pollution? New insights from a village-level analysis in Jiangxi Province, China[J]. China economic review, 22: 524-533.

SHRIAR A J, 2005. Determinants of agricultural intensity index "scores" in a frontierregion: An analysis of data from northern Guatemala[J]. Agriculture and human values, 22(4): 395-410.

SMITH L E D, SICILIANO G A, 2015. comprehensive review of constraints to improved management of fertilizers in China and mitigation of diffuse water pollution from agriculture[J]. Agriculture, ecosystems & environment, 209: 15-25.

TAN M, LI X, XIE H, et al., 2005. Urban land expansion and arable land loss in China—a case study of Beijing-Tianjin-Hebei region[J]. Land use policy, 22(3), 187-196.

TAYLOR J E, BRAUW A D, 2003. Migration and incomes in source communities: A new economics of migration perspective from china[J]. Economic development & cultural change, 52(1): 75-101.

TILMAN D, CASSMAN K G, MATSON P A, et al., 2002. Agricultural sustainability and intensive production practices[J]. Nature, 418(6898): 671-677.

TURNER B L, DOOLITTLE W E, 1978. The concept and measure of agricultural intensity[J]. The professional geographer, 30

(3): 297-301.

VAN DEN BERG M M, HENGSDIJK H, WOLF J, et al., 2007. The impactof increasing farm size and mechanization on rural incomeand rice production in Zhejiang Province, China [J]. Agricultural systems, 94(3): 841-850.

VERBURG P H, SCHOT P P, DIJST M J, et al., 2004. Land use change modelling: Current practice and research priorities [J]. GeoJournal, 61(4): 309-324.

WAN S C, WANG L J, LIU M, 2012. An analysis for the driving factors of agricultural land conversion in China based on spatial econometric[J]. Economic geography(7): 21.

WANG L, LI C, YING Q, et al., 2012. China's urban expansion from 1990 to 2010 determined with satellite remote sensing[J]. Chinese science bulletin, 57(22): 2802-2812.

WANG Y, SCOTT S, 2008. Illegal farmland conversion in China's urban periphery: Local regime and national transitions[J]. Urban geography, 29(4): 327-347.

WHITE M J, 1988. Location choice and commuting behavior in cities with decentralized employment[J]. Journal of urban economics, 24(2): 129-152.

XIE H, WANG P, YAO G, 2014. Exploring the dynamic mechanisms of farmland abandonment based on a spatially explicit economic model for environmental sustainability: A case study in Jiangxi Province, China[J]. Sustainability, 6(3): 1260-1282.

XIE Y, YU M, TIAN G, et al., 2005. Socio-economic driving forces of arable land conversion: A case study of Wuxian City,

China[J]. Global environmental change, 15(3): 238-252.

XU J, 2002. River sedimentation and channel adjustment of the lower Yellow River as influenced bylow discharges and seasonal channel dry-ups[J]. Geomorphology(43): 151-164.

YI F, LU W, ZHOU Y, 2016. Cash transfers and multiplier effect: lessons from the grain subsidyprogram in China [J]. China agricultural economic review(8): 81-99.

YUE T, WANG Q, LU Y, et al., 2010. Change trends of food provisions in China[J]. Global and planetary change, 72(3): 118-130.

ZHAI G, IKEDA S, 2000. An empirical model of land use change in China[J]. Review of urban & regional development studies, 12: 36-53.